Leistungskurs Sport, Band I - Arbeitsheft

W0354667

Anka Weineck
Jürgen Weineck
Michael Weineck

1. Auflage

Anschrift der Verfasser:

OStRin Anka Weineck
Ehrenbürg Gymnasium Forchheim
Ruhalmstraße 5
D-91301 Forchheim

Prof.em. Dr.phil. Dr.med. Dr.h.c. Jürgen Weineck
Institut für Sportwissenschaft und Sport
der Universität Erlangen - Nürnberg
Gebbertstraße 123 - D-91058 Erlangen

Leistungskurs Sport, Band I - Arbeitsheft
Sportbiologische und trainingswissenschaftliche Grundlagen

Anka Weineck / Jürgen Weineck / Michael Weineck
1. Auflage. Copyright 2010.
ISBN: 978-3-00-032444-4

Vertrieb:
Südost Verlags Service GmbH
Am Steinfeld 4 - D-94065 Waldkirchen
Tel.: 0 85 81 / 96 05 0
Fax: 0 85 81 / 75 4
email: service@suedost-verlags-service-de
www.leistungskurs-sport.net

Layout, Satz: Christian Weineck
Grafiken, Fotos: Michael Weineck
Sportfotos: Th. Schreyer, Gößweinstein; Magister Schagerl ASKÖ Wien; P. Schatz, Grafing

Wir würden uns über Kommentare und Feedback per Email freuen:
feedback@leistungskurs-sport.net

Vorwort

Das vorliegende „Arbeitsheft“ für Lehrer und Schüler stellt eine Ergänzung zum Lehrbuch „Leistungskurs Sport, Band I“ dar.

Zu jedem Kapitel des Lehrbuchs werden Abitur relevante Fragestellungen und Aufgaben mit sportpraktischer Bedeutung gestellt, die im Lösungsteil ausführlich, verständlich und komplex beantwortet werden. So erhält der Schüler die Möglichkeit, den Lehrstoff bei gegebenem Lösungs-Feedback weiter zu vertiefen.
Das Arbeitsheft stellt einen Brückenschlag zwischen Theorie und Praxis dar und gibt dem Schüler Gelegenheit, sein im Unterricht erworbenes theoretisches Wissen in die Sportpraxis umzusetzen.

Exemplarisch werden den verschiedenen Themenbereichen der Sportbiologie und Trainingslehre entsprechende Abituraufgaben (Bayern) hinzugefügt, um den Schüler auf den zu erwartenden Schwierigkeitsgrad und die Art möglicher Fragestellungen vorzubereiten. Damit wird sowohl den Lehrern als auch den Schülern ein Arbeitsinstrumentarium an die Hand gegeben, das eine intensive und umfassende Abiturvorbereitung ermöglicht.

Dem Arbeitsheft liegt zusätzlich eine interaktive Multimedia-CD bei, in der die Sport-anatomie übersichtlich, systematisch und leicht verständlich aufbereitet wird. Damit wird der Schüler in die Lage versetzt, die Arbeitsweise von Muskeln und Gelenken zu verstehen und sportpraktische Übungen aus anatomischer Sicht hinsichtlich ihrer Funktionalität und Effektivität beurteilen zu können.

Anka, Jürgen und Michael Weineck

Kunreuth im Oktober 2010

Inhaltsverzeichnis

I Allgemeine Zielsetzungen und Merkmale des sportlichen Trainings

Aufgabenstellung 1

Adaptation

Eine der grundlegendsten Gesetzmäßigkeiten der Natur ist die Fähigkeit von Lebewesen, sich an die verschiedenen Umweltbedingungen anzupassen. Beim Sportler werden diese Anpassungsmechanismen durch entsprechende Trainingsreize ausgelöst.

a) Stellen Sie den Ablauf bzw. die 5 Phasen der Adaptation an einen Trainingsreiz stichpunktartig dar und entwerfen Sie eine entsprechende Skizze!

1. ______________________________

2. ______________________________

3. ______________________________

4. Gegenregulation mit

   - ______________________________
   - ______________________________
   - ______________________________
   - ______________________________

5. ______________________________

Skizze:

b) Definieren Sie den Begriff „Superkompensation“!

____

____

____

c) Erläutern Sie anhand einer Skizze, wie durch eine zeitlich optimale Reizfolge die sportliche Leistungsfähigkeit verbessert werden kann!

Skizze:

____

____

____

____

____

____

____

____

____

____

Aufgabenstellung 2

Abituraufgabe, Bayern 2006

Ein Sportler absolviert einen Fahrrad-Ergometer-Test mit einbeinigem Treten bis zur Erschöpfung. Danach wird viermal der Glykogengehalt in der Muskulatur des arbeitenden Beines (durchgezogene Linie A) und des nicht arbeitenden Beines (gestrichelte Linie N) gemessen:

Zeitpunkt 0 (Z0): unmittelbar nach der Belastung
Zeitpunkt 1 (Z1): 1. Tag nach der Belastung
Zeitpunkt 2 (Z2): 2. Tag nach der Belastung
Zeitpunkt 3 (Z3): 3. Tag nach der Belastung

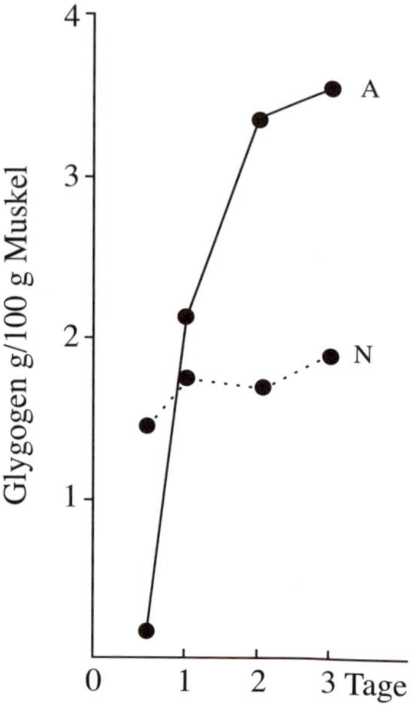

Abb.1: Die Veränderung des muskulären Glykogengehalts nach einem einbeinigen Fahrrad-Ergometer-Test bis zur Erschöpfung

a) Interpretieren Sie beide Kurvenverläufe!

b) Erklären Sie die zugrunde liegende biologische Gesetzmäßigkeit!

Aufgabenstellung 3

Mit Hilfe der Belastungskomponenten können sowohl die Methoden als auch die Gesamtbelastung eines Trainings (sei es eines Leistungs- oder Gesundheitstrainings) differenziert charakterisiert werden.
Vervollständigen Sie die nachfolgende Tabelle in Bezug auf ein gesundheitsorientiertes Ausdauertraining!

Belastungs-komponenten	**Kurzcharakteristik eines gesundheitsorientierten Ausdauer-trainings**
Reizintensität	
Reizdichte	
Reizumfang	
Reizdauer	
Reizkomplexität	Die Reizkomplexität ist **gering**, da ein Dauerlauf sowohl in konditioneller als auch koordinativer Hinsicht anspruchslos und damit für jedermann problemlos zu bewältigen ist.
Reiz-bzw. Trainings-häufigkeit	

Tab. 1: Gesundheitstraining unter dem Aspekt der Belastungskomponenten

Aufgabenstellung 4

Abituraufgabe, Bayern 2010

„Jetzt geb ich 100 %!“
Untersuchen Sie diese Aussage hinsichtlich der muskulären Leistungskapazität und stellen Sie die Leistungsbereiche schematisch dar!

Schematische Darstellung der Leistungsbereiche:

Aufgabenstellung 5

Nennen Sie 7 wesentliche für den Schulsport relevante Trainingsprinzipien und erläutern Sie ihre Auswahl!

1. ______________________________

2. ______________________________

3. ______________________________

4. ______________________________

5. ______________________________

6. ______________________________

7. ______________________________

Aufgabenstellung 6

Langfristiger Trainingsprozess

Zum Erreichen von Spitzenleistungen ist ein systematischer Leistungsaufbau im Rahmen eines langfristigen Trainingsprozesses unerlässlich. Das Basis- und Grundlagentraining bilden dabei die ersten beiden Stufen.

a) Stellen Sie den Unterschied der beiden Eingangsstufen dar!

Basistraining	**Grundlagentraining**

Tab. 2: Unterschiede zwischen Basis- und Grundlagentraining

b) Nennen Sie die nachfolgenden Stufen!

Aufgabenstellung 7

Erläutern Sie die Stufen des langfristigen Trainingsprozesses im Fußball unter Einbeziehung der Ausbildungskonzeption des Deutschen Fußballbundes (DFB)!

<table>
<tr><th colspan="2">Ausbildungsstufen</th><th colspan="2">Altersstufen</th></tr>
<tr><td>7</td><td>Hochleistungstraining - Stabilisierung</td><td rowspan="2">Spitzen-Spieler</td><td>Ab 30 Jahre</td></tr>
<tr><td>6</td><td>Hochleistungstraining - Perfektionierung</td><td>21-29 Jahre</td></tr>
<tr><td>5</td><td>Belastungsgerechtes Übergangstraining</td><td>Perspektiv-Spieler</td><td>19/20 und 17/18 Jahre</td></tr>
<tr><td rowspan="2">4</td><td rowspan="2">Beginnendes Spezialisierungstraining</td><td>A-Junioren U18/U19</td><td rowspan="2">15-18 Jahre</td></tr>
<tr><td>B-Junioren U16/U17</td></tr>
<tr><td rowspan="2">3</td><td rowspan="2">Fußballspezifisches Grundlagentraining</td><td>C-Junioren U14/U15</td><td rowspan="2">11-14 Jahre</td></tr>
<tr><td>D-Junioren U12/U13</td></tr>
<tr><td rowspan="2">2</td><td rowspan="2">Technisch-spielerische Vielseitigkeitsschulung</td><td>E-Junioren U10/U11</td><td rowspan="2">7-10 Jahre</td></tr>
<tr><td>F-Junioren U8/U9</td></tr>
<tr><td>1</td><td>Umfassende Bewegungsschulung</td><td>Bambini und Jünger U7</td><td>3-6 Jahre</td></tr>
</table>

Abb. 2: Der langfristige Trainingsprozess am Beispiel „Fußball“ (DFB-Ausbildungskonzeption in: „Fußballtraining“, Nr. 1 + 2, 2008, Beilage, Seite 4)

1

2

3

4

5

6

7

Aufgabenstellung 8

Periodisierung

8

Da sich der Sportler im Verlauf seines langjährigen Trainingsprozesses nicht ununterbrochen in Form befinden kann, unterwirft man den Aufbau, die Erhaltung und den Verlust der sportlichen Form einer zyklisch sich wiederholenden Periodisierung.

Charakterisieren Sie kurz in nachfolgender Tabelle die Zielsetzungen der Phasen der Periodisierung am Beispiel eines 100m-Sprinters!

Phasen der Periodisierung	**Zielsetzungen am Beispiel eines 100m-Sprinter**
Vorbereitungsperiode (VP)	
Wettkampfperiode (WP)	
Übergangstperiode (ÜP)	

Tab. 3: Zielsetzungen eines 100m-Sprinters in den verschiedenen Phasen der Periodisierung

Aufgabenstellung 9

Trainingssteuerung

Die Trainingssteuerung bezeichnet zusammenfassend die gezielte Abstimmung aller Maßnahmen der Trainingsplanung, des Trainingsvollzugs, der Wettkampf- und Trainingskontrollen und der Wettkampfauswertung zur Veränderung des sportlichen Leistungszustandes.
Um eine effektive Trainingssteuerung zu gewährleisten, ist die Anfertigung einer Sportartanalyse bzw. eines sportartspezifischen Anforderungsprofils unabdingbar.
Erstellen Sie das konditionelle Anforderungsprofil (Kraft/Schnelligkeit/Ausdauer) des Basketballspielers und nennen Sie wesentliche leistungsdiagnostische Tests!

Konditionelle Eigenschaft	**Basketballspezifisches Anforderungsprofil**	**Geeignete leistungsdiagnostische Tests**
Kraft	______ ______ ______ ______ ______	______ ______ ______ ______ ______
Schnelligkeit	______ ______ ______ ______ ______	______ ______ ______ ______ ______
Ausdauer	______ ______ ______ ______ ______	______ ______ ______ ______ ______

Tab. 4: Das konditionelle Anforderungsprofil im Basketball – geeignete Tests

II Anatomisch-physiologische Grundlagen zur Adaptation der verschiedenen Organsysteme an sportliches Training

Aufgabenstellung 10

Die Zelle ist die kleinste funktionelle Einheit. Eine Vielzahl von Zellen schließt sich zu einem Gewebe bzw. zu einem Organ zusammen. Jeder Belastungsreiz greift primär an der Zelle an und führt zu organspezifischen Adaptationen.

a) Beschriften Sie die nachfolgende Abbildung!

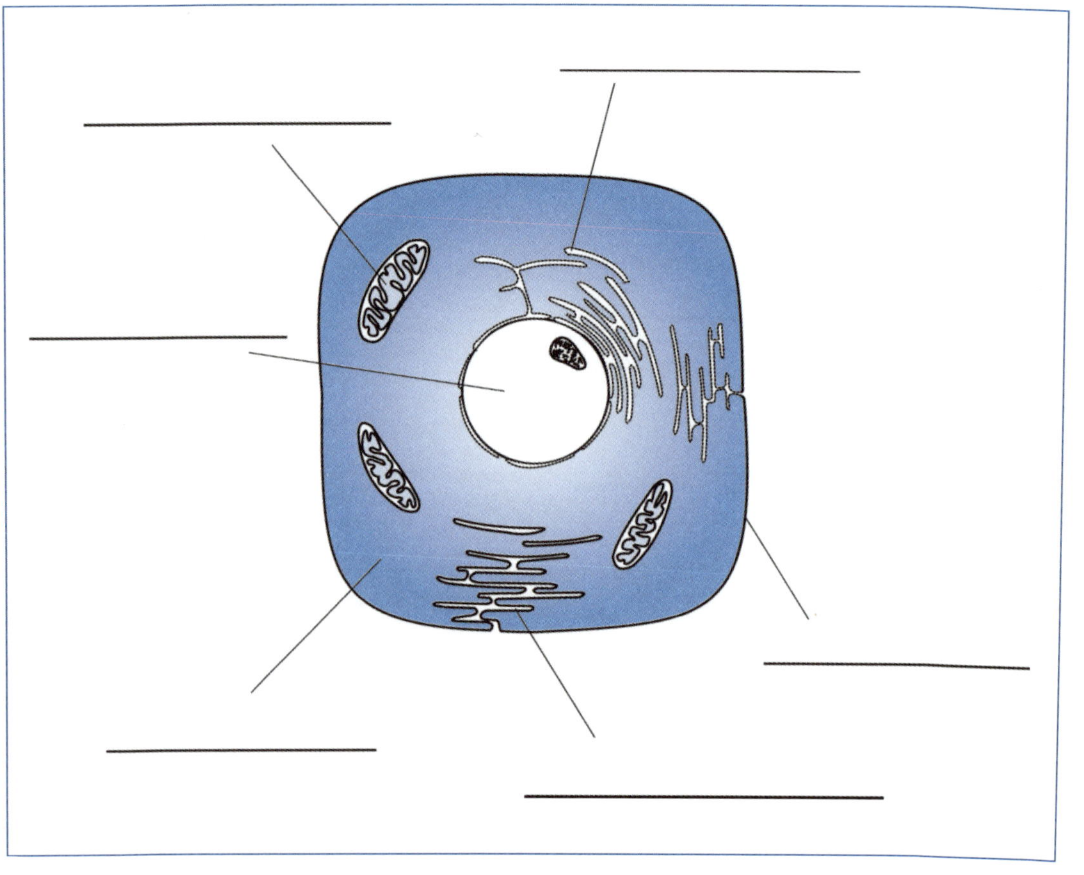

Abb. 3: Die Zelle und ihre wichtigsten Strukturelemente

b) Ordnen Sie in der nachfolgenden Tabelle die zugehörigen Hauptfunktionen zu!

Zellstruktur	**Hauptfunktion(en)**
Zellmembran	
Zellkern	
Zellplasma	
Mitochondrien	
Glattes endoplasmatisches Retikulum	
Rauhes endoplasmatisches Retikulum	

Tab. 5: Hauptfunktionen der verschiedenen Zellstrukturen

Aufgabenstellung 11

Passiver Bewegungsapparat

Der passive Bewegungsapparat setzt sich aus Knochen, Knorpel, Sehnen und Bändern zusammen. Je nach Belastung kommt es zu gewebespezifischen Anpassungen.

Beschriften Sie die nachfolgende Abbildung eines Röhrenknochens!

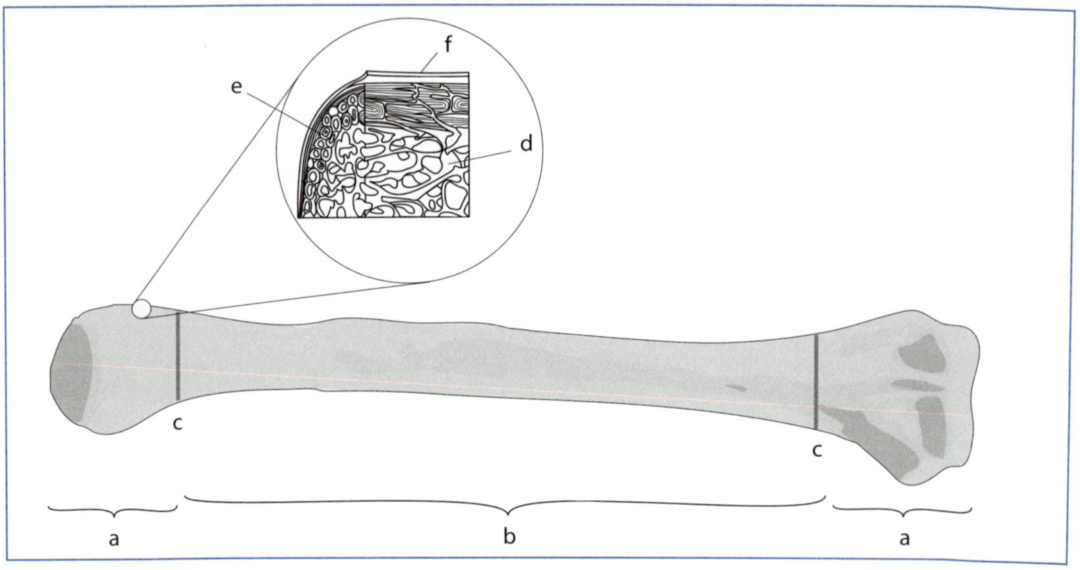

Abb. 4: Schematisierter Aufbau eines Röhrenknochens

a = ______________________________

b = ______________________________

c = ______________________________

d = ______________________________

e = ______________________________

f = ______________________________

Aufgabenstellung 12

Durch Sprungkombinationen und Überschläge belastet der Turner seinen passiven Bewegungsapparat in höchstem Maße. Stellen Sie die wesentlichen Anpassungsmechanismen des Röhrenknochens an diese Belastung dar!

Knochenstruktur	Anpassungsmechanismen
Knochenbälkchen	

Tab. 6: Anpassungsmechanismen des Röhrenknochens

Aufgabenstellung 13

In Deutschland leiden ca. 10% der Bevölkerung (meist ältere Personen) an Osteoporose.
a) Definieren Sie den Begriff „Osteoporose“!
b) Nennen Sie 4 wesentliche Ursachen der Osteoporoseentstehung!

a) Definition:

b) Ursachen der Entstehung:

1. ______________________________

____

2. ______________________________

____

3. ______________________________

____

4. ______________________________

____

Aufgabenstellung 14

Mit fortschreitendem Alter nimmt die Zahl der Gelenkarthrosen insbesondere des Hüft- und Kniegelenks zu.

a) Definieren Sie den Begriff der Gelenkarthrose!
b) Stellen Sie die häufigsten Ursachen dar!
c) Begründen Sie die außergewöhnlich geringen Heilungschancen bei bestehender Gelenkarthrose!

a) Definition:

____

____

____

b) Ursachen der Entstehung:

____

____

____

____

____

____

____

c) Heilungschancen:

Aufgabenstellung 15

Beschriften Sie das Schultergelenk in der nachfolgenden Abbildung!

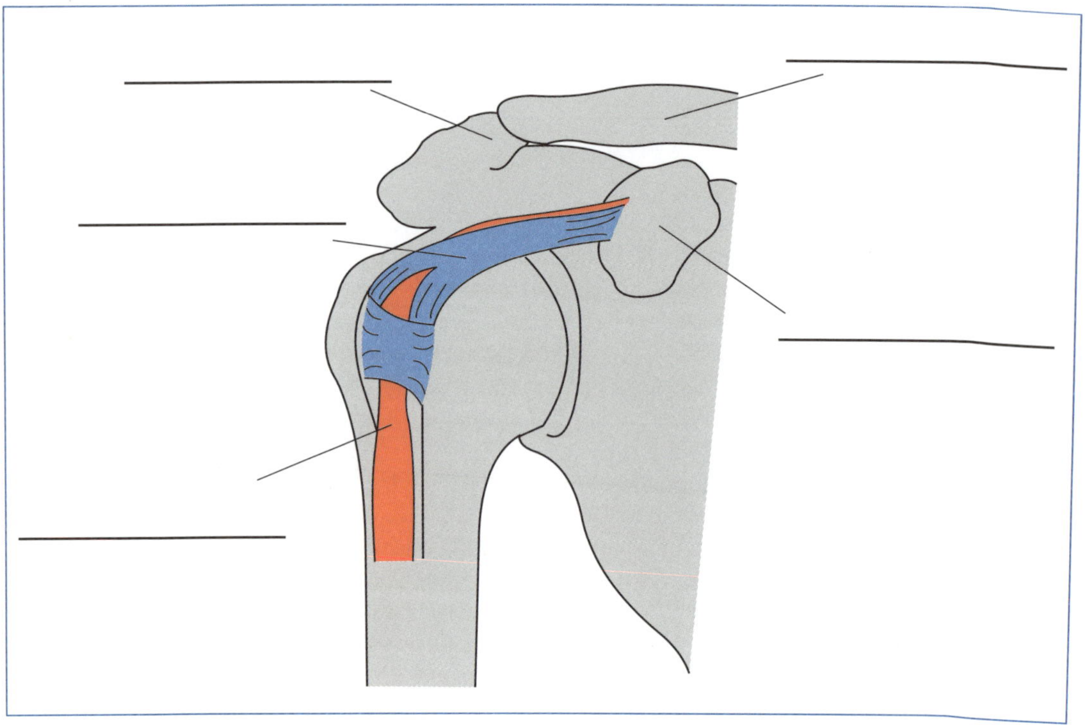

Abb. 5: Aufbau des Schultergelenks

Aufgabenstellung 16

Stellen Sie wesentliche a) Gemeinsamkeiten und b) Unterschiede von Schulter- und Hüftgelenk dar!

a) Gemeinsamkeiten:

____

____

b) Unterschiede: Beantworten Sie die Frage hinsichtlich der in der Tabelle genannten Aspekte!

Schultergelenk	**Hüftgelenk**
Sicherung durch Knochenführung:	Sicherung durch Knochenführung:
Sicherung durch Gelenkkapsel:	Sicherung durch Gelenkkapsel:
Sicherung durch Bänder:	Sicherung durch Bänder:
Sicherung durch Muskulatur:	Sicherung durch Muskulatur:
Beweglichkeit unter dem Aspekt der Funktion:	Beweglichkeit unter dem Aspekt der Funktion:

Tab.7: Unterschiede zwischen Schultergelenk und Hüftgelenk

Aufgabenstellung 17

a) Beschriften Sie die Seiten- und Vorderansicht des Kniegelenks!

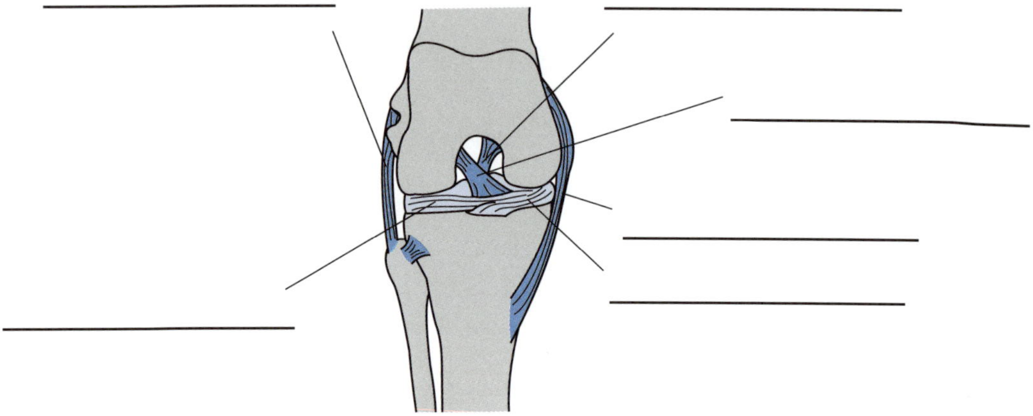

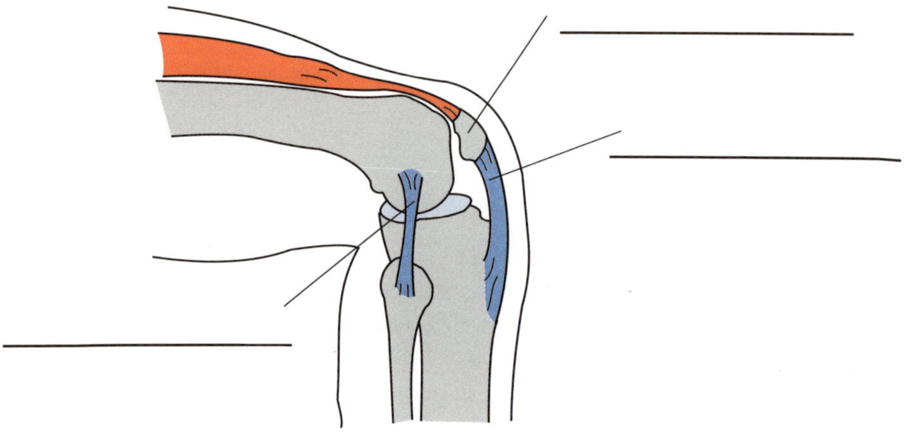

Abb.6: Seiten- und Vorderansicht des Kniegelenks

b) Bei Fußballern kommt es relativ häufig zu Meniskusverletzungen. Begründen Sie, warum der Innenmeniskus um ein Vielfaches häufiger verletzt wird als der Außenmeniskus!

Aufgabenstellung 18

Das Ellbogengelenk und das obere Sprunggelenk weisen eine Reihe von Unterschieden bezüglich der Gelenkfunktionen, der Gelenk bildenden Knochen, des Bandapparates und der typischen Verletzungen auf.

Ergänzen Sie die nachfolgende Tabelle!

Charakteristika	**Ellbogengelenk**	**Oberes Sprunggelenk**
Art des Gelenks	Drehwinkelgelenk	
Funktion(en) des Gelenks		
Gelenkbildende Knochen		
Bandapparat		
Typische Verletzungen		

Tab. 8: Unterschiede zwischen Ellbogengelenk und oberem Sprunggelenk

Aufgabenstellung 19

Beschriften Sie die nachfolgende Abbildung eines Wirbels!

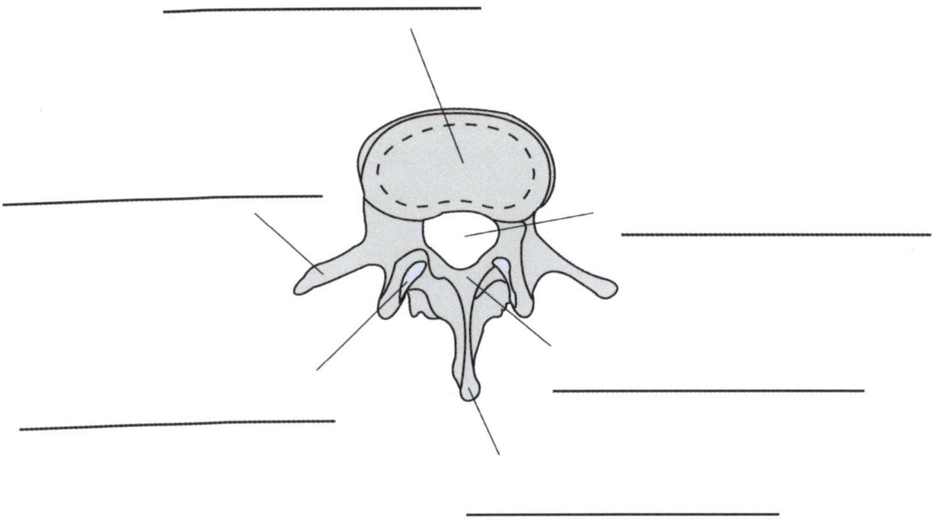

Abb. 7: Aufbau eines Wirbels

Aufgabenstellung 20

Beschreiben Sie am Beispiel der nachfolgend aufgeführten Sportarten langfristig positive und negative Auswirkungen auf die Wirbelsäule!

Sportart	Positive Auswirkungen	Negative Auswirkungen
Schwimmen (Kraulen)		
Rudern		

Tab. 9: Positive und negative Auswirkungen von Schwimmen und Rudern im Vergleich

20

Aufgabenstellung 21

Abituraufgabe, Bayern 2008

Beschreiben Sie mögliche negative Auswirkungen des Brustschwimmens (Undulationstechnik) auf den Bewegungsapparat!

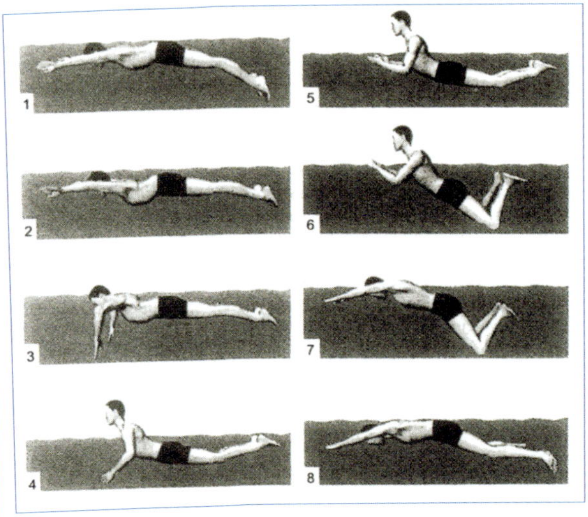

Abb. 8: Undulationstechnik beim Brustschwimmen

Aufgabenstellung 22

Beschreiben Sie eine möglichst schonende Körperhaltung beim Heben von schweren Lasten (Wasserkasten o.ä.) und begründen Sie ihre Ansicht!

Aufgabenstellung 23

Der aktive Bewegungsapparat (= Muskulatur) ist für den Sportler von besonderer Bedeutung und steht im Zentrum des Trainingsprozesses.
Die Gesamtmuskulatur setzt sich aus etwa 639 Einzelmuskeln zusammen, die in ihrer Gesamtheit bei der Frau ca. 30 – 40%, beim Mann zwischen 40 und 50% des Körpergewichts ausmachen.

a) Beschriften Sie die unterschiedlichen Strukturen eines Sarkomers (= kleinste funktionelle Einheit einer Muskelfaser)!

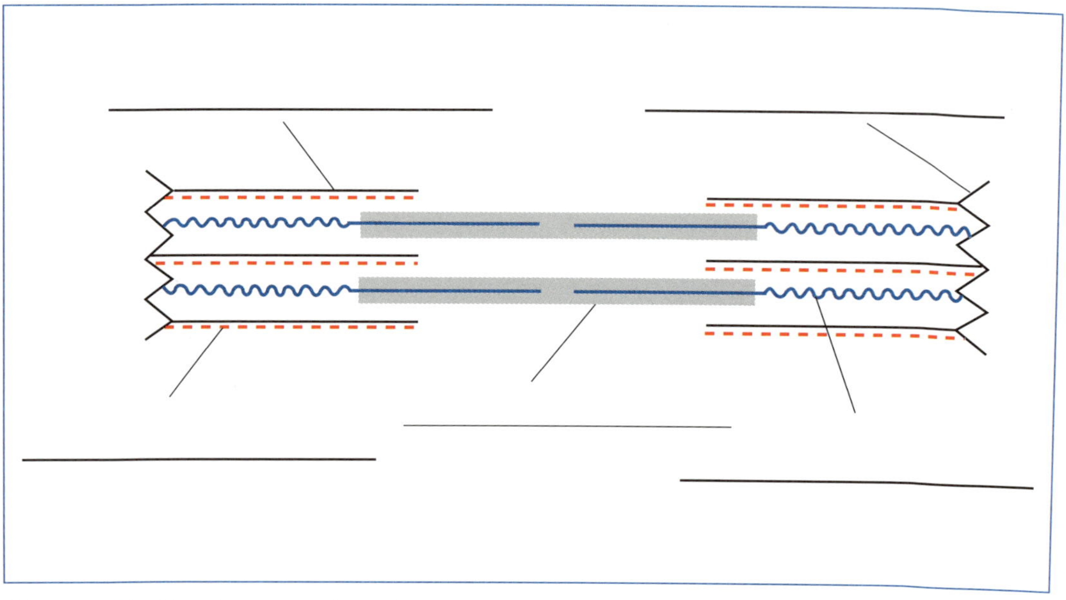

Abb. 9 : Strukturelemente eines Sarkomers

b) Beschreiben Sie die Mechanik der Muskelkontraktion!

Aufgabenstellung 24

Durch die Einnahme der Wurfauslage (= Ausholbewegung), erreicht der Speerwerfer eine optimale Vordehnung der am Wurf beteiligten Muskulatur.

a) Erläutern Sie, warum diese Vordehnung Vorraussetzung für eine größtmögliche Kraftentwicklung und damit Wurfweite ist!
b) Zeigen Sie auf, welche Auswirkungen eine maximal vorgedehnte (überdehnte) bzw. bereits verkürzte Muskulatur für die Kraftentwicklung hat!

a)

b)

Aufgabenstellung 25

Interpretieren Sie die nachfolgende Abbildung hinsichtlich der Energiebereitstellung bei einem 800m-Lauf im Hochleistungsbereich!

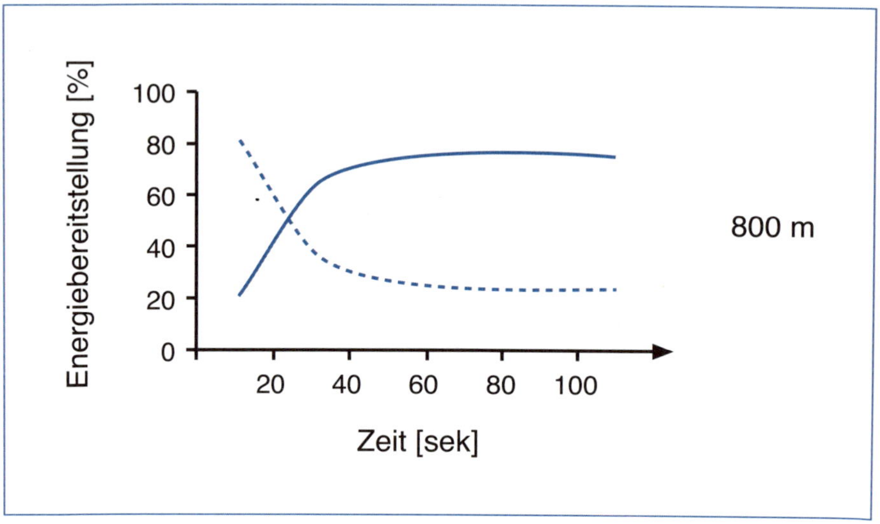

Abb. 10: Die Energiebereitstellung beim 800m-Lauf

25

Aufgabenstellung 26

Erläutern Sie die ablaufenden Energiebereitstellungsprozesse am Beispiel des Fußballspiels! Gehen Sie dabei auf die nachfolgend genannten charakteristischen Aktivitäten dieser Spielsportart ein und geben Sie jeweils die entsprechende chemische Reaktionsformel an!

- Ultrakurze hochintensive Einzelaktionen wie z.B. ______________________

  ____

  ____

  ____

  Chemische Reaktionsgleichung: ______________________

- Kurze Sprints ______________________

  ____

  ____

  ____

  Chemische Reaktionsgleichung: ______________________

- Längere Sprints ______________________

  ____

  ____

  ____

  ____

  Chemische Reaktionsgleichung: ______________________

- Gesamtlaufleistung ______________________

  ____

  ____

  ____

  Chemische Reaktionsgleichung: ______________________

Aufgabenstellung 27

Interpretieren Sie die nachfolgende Grafik von 6 Spielern einer Fußballmannschaft hinsichtlich des Zuckerstoffwechsels im Verlauf eines Spiels!

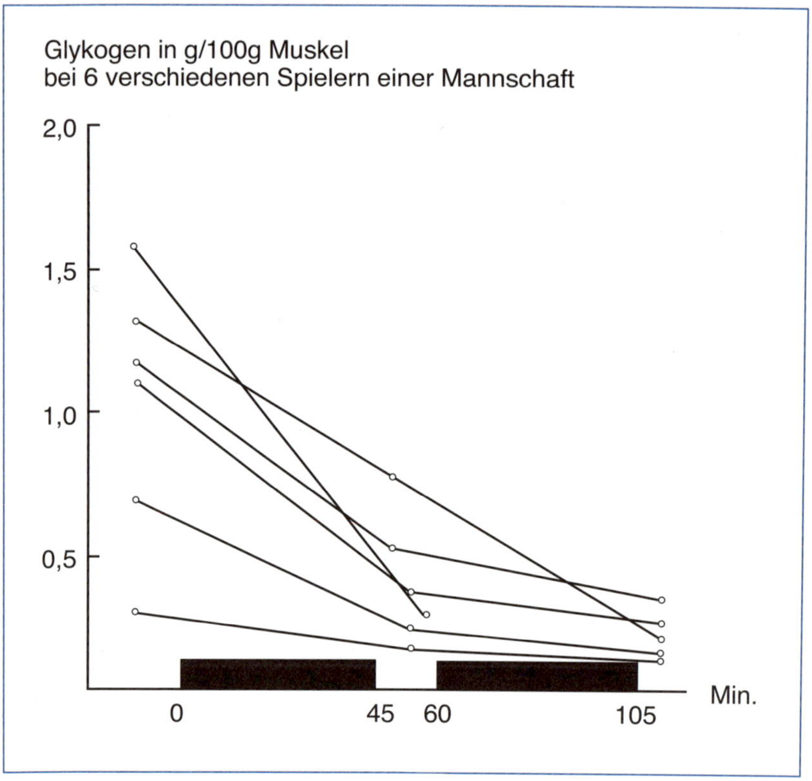

Abb.11: Die Abnahme des muskulären Glykogengehalts von 6 Fußballspielern während eines Spiels

27

Aufgabenstellung 28

Abituraufgabe, Bayern 2007

Stellen Sie anhand eines beschrifteten Diagramms die Energiebereitstellung in den ersten 2 Minuten einer sportlichen Belastung dar! (gemeint ist eine maximale Belastung)

Skizze:

Aufgabenstellung 29

Analysieren Sie die nachfolgenden 3 Übungen hinsichtlich des jeweiligen Bewegungsablaufs und benennen Sie die leistungsbestimmenden Muskeln!

a) Klimmzug

b) Squat-jump (unter Squat-jump versteht man einen beidbeinigen Hoch-Strecksprung aus der Kniebeugung am Ort ohne Auftaktbewegung und ohne Schwungbewegung der Arme

c) Kugelstoß (O'Brien-Technik nach Erreichen der Stoßauslage)

Abb. 12 : Ausführung eines Squat-Jumps

Übung	**Analyse des Bewegungsablaufs**	**Leistungsbestimmende Muskeln**
Klimmzug	Armbeugung Dazu:	
Squat-jump		
Kugelstoß		

Tab. 10: Charakterisierung dreier Bewegungsabläufe

Aufgabenstellung 30

Muskelschlinge bzw. Muskelkette

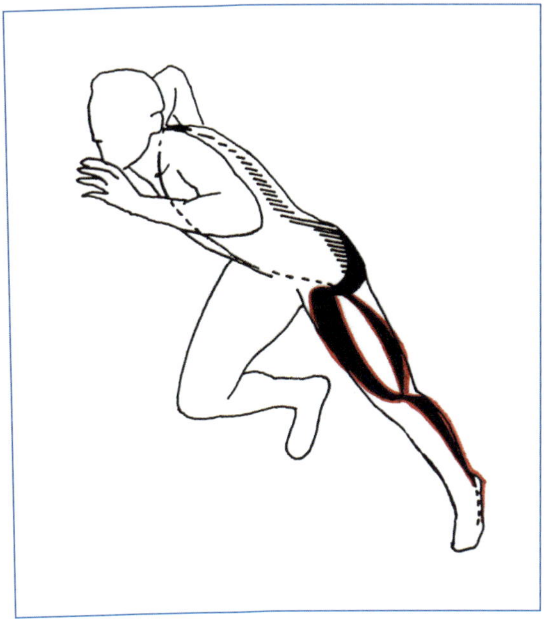

Unter Muskelschlinge bzw. -kette (siehe auch Bd.3, S. 84) versteht man die Zusammenarbeit der für eine bestimmte Bewegung relevanten Muskeln. Man unterscheidet dabei Streck- und Beugeschlingen.

Erläutern Sie die Streckschlinge des Sprinters anhand der Abbildung!

Abb. 13: Die Muskelschlinge des Sprinters

III Das Training der motorischen Hauptbeanspruchungsformen Kraft und Schnelligkeit

Kraft

Die Kraft ist sowohl im gesundheitlichen Bereich, z.B. für die Haltungs- oder Osteoporoseprophylaxe, als auch im Sport, z.B. beim Gewichtheben oder Kugelstoßen, als entscheidende leistungsbestimmende Größe von Bedeutung.

Aufgabenstellung 31

In allen Spielsportarten wird innerhalb der Vorbereitungsperiode ein allgemeines (alle Hauptmuskelgruppen betreffendes) und spezifisches (alle sportartrelevanten Muskelgruppen betreffendes) Krafttraining absolviert. Erläutern Sie, welche Rolle die Kraft der Muskulatur für eine umfassende Verletzungsprophylaxe spielt!

Aufgabenstellung 32

Nennen Sie je 2 praktische Beispiele zu den vorgegebenen Krafttrainingsmethoden!

Krafttrainingsmetode	**Praktische Beispiele / Übungen**
Positiv-dynamische bzw. konzentrische Krafttrainingsmethode	
Negativ-dynamische bzw. exzentrische Krafttrainingsmethode	
Plyometrische Krafttrainingsmethode	
Statische Krafttrainingsmethode	
Statisch-dynamische bzw. intermediäre Krafttrainingsmethode	

Tab.11: Praktische Übungen zu verschiedenen Krafttrainingsmethoden

Aufgabenstellung 33

Abituraufgabe, Bayern 2010

a) Erklären Sie den Begriff der Muskelhypertrophie!
b) Beschreiben Sie ein entsprechend ausgerichtetes Krafttraining anhand relevanter Belastungsparameter!

a) ____

____

____

____

b)

Belastungs-komponenten	**Kurzcharakteristik der gewählten Krafttrainingsmethode, nämlich** ________________
Reizintensität	
Reizdauer	
Reizumfang	
Reizdichte	
Reizkomplexität	
Reiz- bzw. Trainings-häufigkeit	

Tab. 12: Belastungskomponenten beim Hypertrophietraining

Aufgabenstellung 34

Das Maximalkrafttraining (MKT) ist in vielen Sportarten entscheidend für die Optimierung der Leistungsfähigkeit.

a) Nennen Sie die 3 wesentlichen Komponenten der Maximalkraft!

b) Erläutern Sie die unterschiedlichen Anforderungen an das Maximalkrafttraining des
- Kugelstoßers
- Hochspringers
- Handballers

und nennen Sie jeweils geeignete Trainingsmethoden!

a) 1. ______________________________

2. ______________________________

3. ______________________________

b) Kugelstoßer: ______________________________

____

____

____

____

Hochspringer: ______________________________

____

____

____

____

Handballer: ______________________________

____

____

____

____

Aufgabenstellung 35

Reaktivkraft

Die Reaktivkraft als spezielle Form der Schnellkraft stellt einen bedeutenden Leistungsfaktor vor allem in Spielsportarten, in der Leichtathletik, im Turnen etc. dar. Ihre optimale Entwicklung erfordert ein spezifisches Training.

a) Definieren und erläutern Sie den Begriff der Reaktivkraft!

b) Ordnen Sie diese Kraftfähigkeit in das vorgegebene Kraftschema ein!

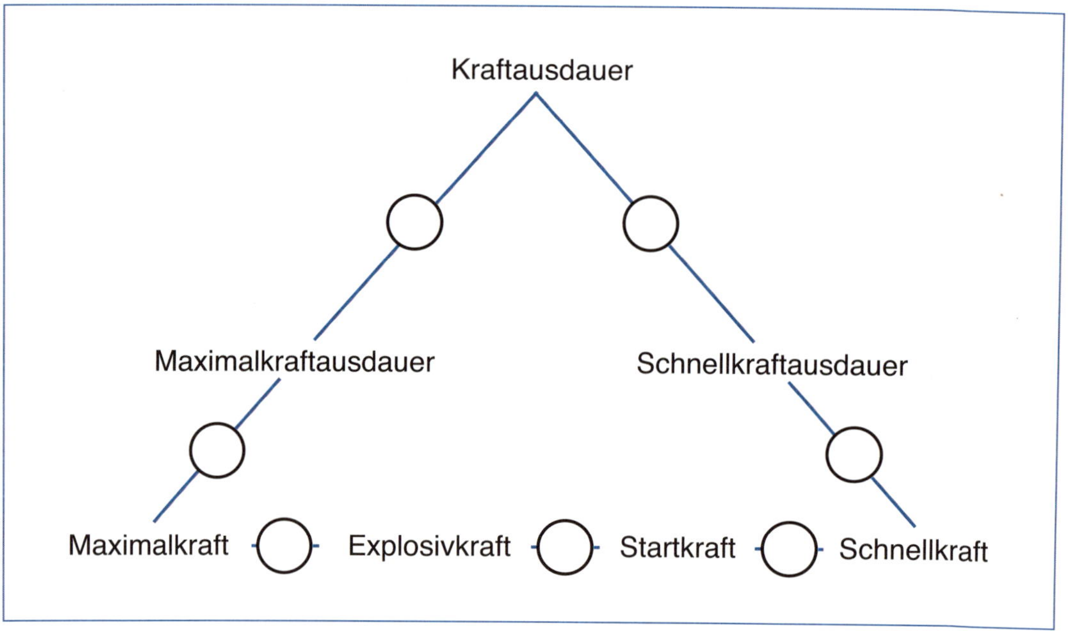

Abb. 14: Wechselbeziehung der verschiedenen Kraftarten - Position der Reaktivkraft

Aufgabenstellung 36

a) Beschreiben Sie exemplarisch an Hand der nachfolgenden Sportarten/Disziplinen die besondere Bedeutung der Reaktivkraft!

- Bodenturnen

- Basketball

- Leichtathletischer Dreisprung

- Gewichtheben

b) Nennen Sie eine charakteristische Trainingsmethode mit 2 typischen Übungen zur Verbesserung der Reaktivkraft!

Aufgabenstellung 37

Das Sportklettern hat sich zunehmend im Schulsport etabliert und erfreut sich bei den Schülern allgemeiner Beliebtheit. Es erfordert eine Vielzahl unterschiedlicher Kraftarten, wobei die Kraftausdauer eine besondere Rolle spielt.

37

Beschreiben Sie je eine statische und dynamische Übungsform, die zur Entwicklung der Kraftausdauer des Kletterers beiträgt. Gehen Sie dabei auch auf die Belastungskomponenten ein!

Statische Übungsform: ______________________________

Belastungskomponenten	**Kurzcharakteristik**
Reizintensität	
Reizdauer	
Reizumfang	
Reizdichte	
Reizkomplexität	
Trainingshäufigkeit	

Tab. 13: Belastungskomponenten einer frei gewählten statischen Übungsform

Dynamische Übungsform: ______________________________

Belastungskomponenten	**Kurzcharakteristik**
Reizintensität	
Reizdauer	
Reizumfang	
Reizdichte	
Reizkomplexität	
Trainingshäufigkeit	

Tab. 14: Belastungskomponenten einer frei gewählten dynamischen Übungsform

Aufgabenstellung 38

Durchführungs – und Organisationsformen des Krafttrainings

Die unterschiedlichen Krafttrainingsmethoden können in verschiedenen Durchführungs- und Organisationsformen zur Anwendung gebracht werden.

Eine Volleyball-Schulmannschaft der Oberstufe möchte ihr sportartspezifisches Schnellkraftniveau mit Hilfe eines entsprechenden Zirkeltrainings verbessern.

a) Erstellen Sie ein konditionelles Anforderungsprofil hinsichtlich des Faktors *Schnellkraft* für den Volleyballspieler!

b) Entwerfen Sie einen Zirkel mit 6 Stationen unter Nennung der leistungsbestimmenden Muskulatur (L.b.M.) sowie der jeweiligen praxisrelevanten Techniken!

c) Geben Sie die für einen Schnellkraftzirkel typischen Belastungs- und Erholungszeiten an!

d) Legen Sie die wesentlichen Grundsätze für die Durchführung eines Zirkeltrainings dar!

a) ______________________________

____

____

____

____

b) Station 1: ______________________________

L.b.M.: ______________________________

Station 2: ______________________________

L.b.M.: ______________________________

Station 3: ______________________________

L.b.M.: ______________________________

Station 4: ______________________________

L.b.M.: ______________________________

Station 5: ______________________________

L.b.M.: ______________________________

Station 6: ______________________________

L.b.M.: ______________________________

c) Belastungszeit: ______________ Erholungszeit: ______________

d) ______________

Aufgabenstellung 39

Abituraufgabe, Bayern 2005

Veranschaulichen Sie mögliche Zielsetzungen, die durch regelmäßiges Krafttraining hinsichtlich Prävention und Rehabilitation gegeben sind!

Mögliche präventive Ziele:

Mögliche rehabilitative Ziele:

Schnelligkeit

Bei der Schnelligkeit handelt es sich um einen außergewöhnlich vielfältigen Fähigkeitskomplex, der sich in den verschiedenen Sportarten in recht unterschiedlicher Weise darstellt. Sie setzt sich aus kognitiven und motorischen Teilkomponenten zusammen und basiert sowohl auf konditionellen als auch koordinativen Fähigkeiten.

Aufgabenstellung 40

Eishockey gilt als das schnellste Mannschaftsspiel der Welt. Um in dieser Sportart erfolgreich zu sein, muss der Spieler unter Zeitdruck in der Lage sein, das Spiel zu „lesen".

a) Nennen Sie die dafür notwendigen kognitiven Schnelligkeitskomponenten!

b) Erläutern Sie die Bedeutung des so genannten 5-fachen Blicks (siehe Abbildung 90, LK Sport Bd.1, S.175) für die Effektivität des Spiels!

40 c) Zeigen Sie Möglichkeiten (Übungsformen) zur Verbesserung dieser Schnelligkeitskomponenten auf!

40

Aufgabenstellung 41

a) Erläutern Sie an Hand der vorgegebenen Grafik die 4 Komponenten eines 100m-Sprints, nämlich die Reaktionsphase (R), Beschleunigungsphase (B), Frequenzschnelligkeit (F) und Schnelligkeitsausdauer (SA)!

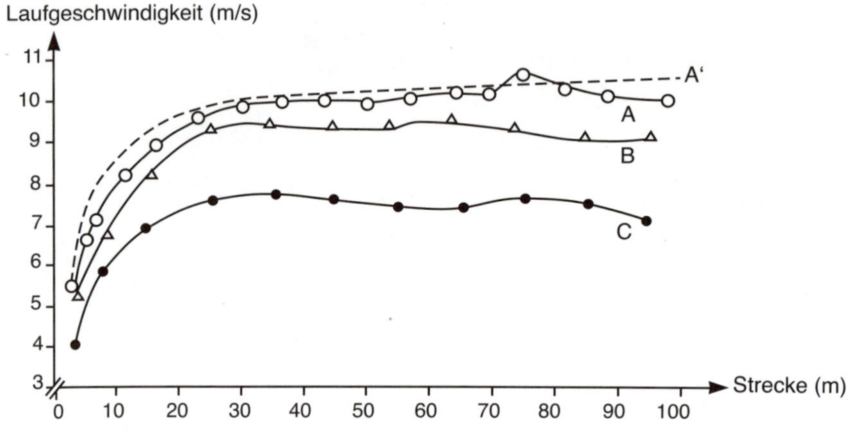

Abb. 15: Die Geschwindigkeitskurve beim 100 m Lauf bei einem erstklassigen Sprinter (A), einem zweitklassigen (B) und einem Sportstudenten (C) in Verbindung mit einer idealisierten Kurve (A') (nach Ikai 1967 in Weineck 2010, 646)

a) ______________________________

b) Diskutieren Sie die Relevanz dieser 4 Komponenten für ein fußballspezifisches Schnelligkeitstrainings!

Aufgabenstellung 42

Formulieren Sie 6 wesentliche Grundsätze für das Schnelligkeitstraining in den Sportspielen!

1.

2.

3.

4.

5.

6.

Aufgabenstellung 43

Ordnen Sie den nachfolgenden Trainingsinhalten bzw. Übungen die entsprechenden 4 Phasen (Reaktions- (R), Beschleunigungs- (B), Frequenzschnelligkeit (F), Schnelligkeitsausdauer [SA]) eines 100m-Sprints zu (Mehrfachzuweisungen sind möglich)!

	Verbesserung von			
Übungen	**Reaktions-schnelligkeit**	**Beschleunigungs-schnelligkeit**	**Frequenz-schnelligkeit**	**Schnelligkeits-ausdauer**
Sprünge mit Bleiweste				
Bergabläufe				
1-Bein-Sprünge über 20 m auf Zeit				
Antritte nach taktilem Kontakt				
Max. Trittgeschwindigkeit auf Fahrradergometer ohne Widerstand				
Antritte nach Niedersprüngen				
Overdistance-Läufe				
Läufe mit Zugseil (unterstützend)				
Beidbeinige Hocksprünge treppauf				
Bergaufläufe				
Sprungläufe über 30m auf Zeit				
Einbeinige Kniebeugen mit Sandsack				
Skipping im Sand				
Läufe gegen Zugwiderstände				
Steigerungsläufe				

Tab. 15: Zuordnung von Trainingsinhalten zu den 4 Phasen des 100m-Sprints

43

Aufgabenstellung 44

Erläutern Sie die Bedeutung der Maximalkraft
a) für den 100m-Sprinter
b) für den Spielsportler

a) ______________________________

____

____

b) ______________________________

____

____

____

Aufgabenstellung 45

Charakterisieren Sie die Wiederholungsmethode im Schnelligkeitstraining mit Hilfe der Belastungskomponenten!

Belastungskomponenten	**Kurzcharakteristik**
Reizintensität	
Reizdauer	
Reizumfang	
Reizdichte	
Reizkomplexität	
Trainingshäufigkeit	

Tab. 16: Charakterisierung der Wiederholungsmethode mit Hilfe der Belastungskomponenten

Aufgabenstellung 46

Ein BMX-Rennen geht über eine Strecke von 300-400m und dauert ca. 30-40 Sekunden. Der Sportler muss zu Beginn des Rennens aus dem Stand maximal schnell beschleunigen, um sich in eine gute Position zu bringen. Im weiteren Rennverlauf mit Steilkurven, Hügelauf- /-abfahrten und Schanzen, sind neben außergewöhnlichen koordinativ-technischen Anforderungen hohe bis höchste Trittfrequenzen gefordert.

a) Erläutern Sie, welche Kraft- und Schnelligkeitseigenschaften für das BMX-Rennen leistungsbestimmend sind!

b) Stellen Sie tabellarisch dar, mit welchen Inhalten (Übungen) und Methoden diese Eigenschaften trainiert werden müssen!

a) Leistungsbestimmende Kraft- und Schnelligkeitseigenschaften für das BMX- Rennen

b) Tabellarische Darstellung der Inhalte und Methoden

Kraft-/Schnelligkeits-eigenschaften	Inhalte/Übungen	Methoden
Maximalkraft		
Schnellkraft	Fahrradergometertraining mit hohen bis höchsten Widerständen	
Frequenzschnelligkeit		
Schnelligkeitsausdauer		
Kraftausdauer		

Tab.17: Inhalte und Methoden des Kraft- und Schnelligkeitstrainings eines BMX-Fahrers

Lösungen:

Teil I - Allgemeine Zielsetzungen und Merkmale sportlichen Trainings

Aufgabenstellung 1:

a) 1. Homöostase (= Stoffwechselgleichgewicht) — Skizze siehe Abb. 16a
2. Störung der Homöostase durch einen Trainingsreiz (verbunden mit einer vorübergehenden Leistungseinbuße)
3. Erholungsphase
4. Gegenregulation mit
   - Erweiterung der Funktionsamplitude
   - Formierung neuer Strukturen
   - Steigerung der Leistungsfähigkeit
   - Homöostase auf höherem Niveau
5. Reversibilität (Umkehrbarkeit) der Anpassungsprozesse bei Übungsdefiziten

b) Unter Superkompensation versteht man Adaptationen im Bereich des Energiestoffwechsels. Sie beinhaltet eine „überschießende Wiederherstellung" der durch Belastung entleerten Energiespeicher. Sie betrifft sowohl die energiereichen Phosphate (ATP, KP) als auch das Glykogen (= Speicherform der Glukose) in Muskel und Leber.

c) Die nachfolgende Grafik macht deutlich, dass die sportliche Leistungsfähigkeit durch optimal gesetzte Trainingsreize gesteigert werden kann. Zum Zeitpunkt der Superkompensation nach Belastung muss der nächste Belastungsreiz erfolgen. Subjektiv lässt sich das Erreichen des Superkompensationsmaximums an der Befindlichkeit des Sportlers erkennen. Er fühlt sich fit und motiviert. Objektivieren lässt sich das Superkompensationsmaximum u.a. mit Hilfe von Muskelbiopsien (= Entnahme von Muskelgewebe mit Hilfe einer Biopsienadel). So ist z. B. bekannt, dass ein 90-minütiges Fußballspiel die Glykogenspeicher der Beinmuskulatur fast völlig entleert und dass etwa 2-3 Tage Erholungszeit benötigt werden bis die Speicher wieder aufgefüllt bzw. superkompensatorisch auf ein höheres Ausgangsniveau angehoben sind.

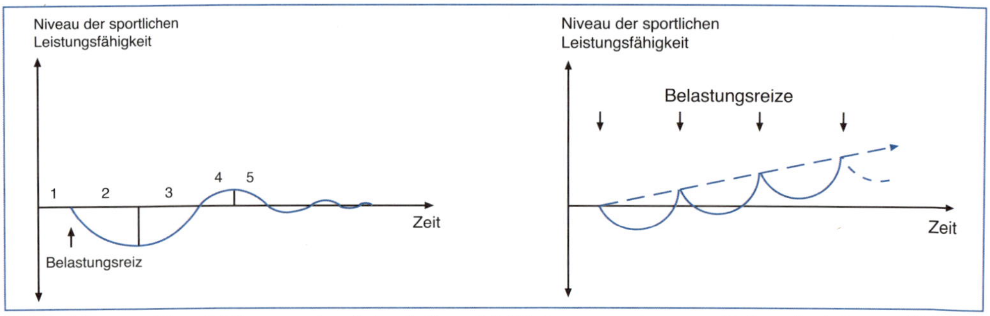

Abb. 16 a und b: a) Phasen der Adaptation b) Steigerung der sportlichen Leistungsfähigkeit durch optimal gesetzte Trainingsreize

Aufgabenstellung 2

a) Beim einbeinigen Fahrradergometertest bis zur völligen Erschöpfung können die beiden Kurven bezüglich des Glykogengehalts wie folgt interpretiert werden:

- Zum Zeitpunkt 0, also direkt nach Belastungsende, ist der muskuläre Glykogenspeicher des Arbeitsbeines (Kurve A) fast vollständig entleert. Das unbelastete Bein (Kurve N) enthält zum gleichen Zeitpunkt etwa 1,4 g Glykogen/100g Muskel.
- Nach einem Tag der Erholung, liegt der Glykogengehalt im belasteten Bein mit etwa 2g Glykogen/100g Muskel bereits über dem Ausgangsniveau.
- Auch beim nicht belasteten Bein kann eine leichte Glykogenvermehrung beobachtet werden.
- Nach 2 Tagen der Erholung ist ein weiterer, deutlicher Anstieg des Glykogens (>3g) im belasteten Bein zu erkennen. Das unbelastete Bein bleibt in etwa auf gleichem Niveau.
- Nach 3 Tagen der Erholung erreicht das Niveau des Glykogens im belasteten Bein sein Maximum, wobei die Zuwachsrate am 3. Tag nur noch gering ist (maximaler Glykogenwert etwa 3,5g).
- Das unbelastete Bein erreicht ebenfalls am 3. Tag sein Glykogenmaximum, allerdings auf einem wesentlich niedrigeren Gesamtniveau (etwa 1,9g).

b) Die zugrunde liegende biologische Gesetzmäßigkeit ist auf das bereits dargestellte Phänomen der Superkompensation (s. Aufgabenstellung 1) zurück zu führen. Durch die Belastung kommt es im Arbeitsbein zu einer fast vollständigen Entleerung der muskulären Glykogenspeicher (etwa auf 0,1g/100g Muskulatur), was einer ausgeprägten Homöostasestörung entspricht.
Während der Erholungsphase reagiert der Organismus auf die Homöostasestörung mit einer Gegenreaktion, die die Glykogenspeicher wieder erhöht und schließlich über das Ausgangsniveau hinaus auffüllt.
Zu Beginn der Erholungsphase (1. und 2. Tag nach Belastung) erfährt die Wiederauffüllung – bei adäquater Ernährung – ihre höchste Zuwachsrate (die Glykogen aufbauenden Enzyme weisen zu diesem Zeitpunkt ihre höchste Aktivität auf). Am 3. Tag nimmt die Auffüllung nur noch geringfügig zu und erreicht damit das Maximum der Superkompensation. Dies ist der Zeitpunkt, an dem ein neuer Trainingsreiz erfolgen sollte.
Dass es auch im unbelasteten Bein zu vergleichbaren Mechanismen kommt, allerdings in wesentlich geringerem Ausmaß, ist auf so genannte *Transfereffekte* zurück zu führen: Bei einseitigem Training, bei dem z.B. nur ein Arm oder ein Bein trainiert wird, erfolgt über eine Mitinnervation auch ein Training der Gegenseite, allerdings auf wesentlich tieferem Niveau. Im unbelasteten Bein findet also eine minimale Entleerung der Glykogenspeicher (= geringfügige Homöostasestörung) statt, was in der Folge zu einer entsprechend wenig ausgeprägten Superkompensation führt.
Beachten Sie also: Je stärker der Trainingsreiz bzw. die Homöostasestörung (in diesem Falle die Glykogenentleerung der Arbeitsmuskulatur) ist, desto ausgeprägter ist die Gegenreaktion und Superkompensation.

Aufgabenstellung 3

Belastungs-komponenten	Kurzcharakteristik eines gesundheitsorientierten Ausdauer-trainings
Reizintensität	Die Reizintensität ist relativ gering und sollte in etwa 60 % der maximalen individuellen Ausdauerleistungsfähigkeit bzw. einer Herzfrequenz von zirka 130/140 Schlägen/Minute (20-30jähriger) entsprechen.
Reizdichte	Die Reizdichte ist maximal hoch (100 %), da während des Dauerlaufes im Allgemeinen keine Pause gemacht werden sollte.
Reizumfang	Der Reizumfang entspricht hier der Reizdauer, da der Dauerlauf einziger Inhalt dieser Trainingseinheit ist.
Reizdauer	Optimal ist ein mindestens 30-minütiger Dauerlauf - ein entsprechendes Aufbautraining vorausgesetzt -, da hierbei vermehrt Fett verstoffwechselt wird, was besonders gesundheitsrelevant ist!
Reizkomplexität	Die Reizkomplexität ist gering, da ein Dauerlauf sowohl in konditioneller als auch koordinativer Hinsicht anspruchslos und damit für jedermann problemlos zu bewältigen ist.
Reiz-bzw. Trainings-häufigkeit	Als optimale Trainingshäufigkeit gilt ein dreimaliger Dauerlauf pro Woche.

Tab. 18: Gesundheitstraining unter dem Aspekt der Belastungskomponenten

Aufgabenstellung 4

Der Muskel kann – je nach Trainingszustand, Motivation, Tageszeit etc. – nur bis zu einem gewissen Grad sein gegebenes Potenzial ausschöpfen. Er ist weder koordinativ – hier spielt sowohl die intra- als auch die intermuskuläre Koordination eine Rolle – noch energetisch in der Lage, 100% zu geben.
Der Bereich der automatisierten Leistungen (bis 15% der maximalen Muskelleistung, z.B. beim Gehen) erfordert ebenso wie die physiologische Leistungsbereitschaft (15–35%, wie z.B. beim lockeren Joggen) nur geringe bis mittlere Willensanstrengungen. Die Mobilisierung der gewöhnlichen Einsatzreserven (35-65%, z.B. 1000m - Tempolauf) benötigt ausgeprägte Willenskräfte und geht mit einer relativ starken Ermüdung einher. Die autonom geschützen Reserven (85-100%) schließlich sind im Allgemeinen nur zugänglich über eine Enthemmung durch Affekte (z.B. Todesangst), Hypnose oder Pharmaka (z.B. Doping/Aufputschmittel). Hier handelt es sich um Leistungen, die unter Umständen zur völligen Erschöpfung bzw. zum Tode führen können. Die Grenze zwischen dem Bereich der gewöhnlichen Einsatzbereitschaft und den autonom geschützten Reserven bezeichnet man als *Mobilisationsschwelle*. Die Mobilisationsschwelle lässt sich unter Motivationsbedingungen und durch entsprechendes Training verschieben, so dass ein hoch trainierter bzw. hoch motivierter Sportler im Vergleich zu einer untrainierten Person mit gleichem Muskelquerschnitt größere Kräfte entwickeln kann. Als Ursache hierfür kann unter anderem die erhöhte Zahl an gleichzeitig innervierten motorischen Einheiten in der Muskulatur – man spricht von verbesserter intramuskulärer Koordination – angeführt werden.
Die Darstellung der Leistungsbereiche ist aus der nachfolgenden Abbildung ersichtlich.

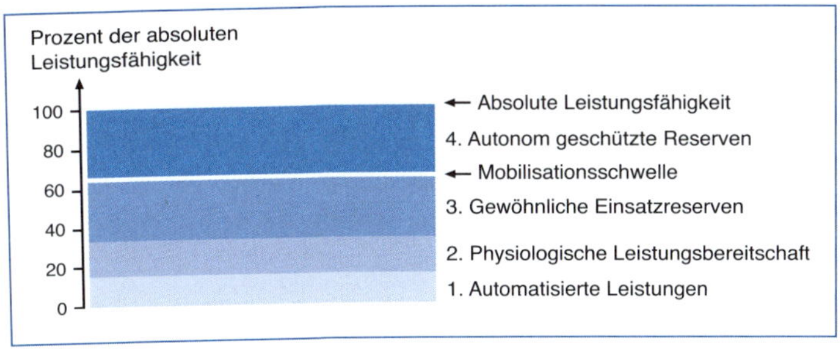

Abb. 17: Bereiche der muskulären Leistungsfähigkeit

Aufgabenstellung 5

Nennung der Trainingsprinzipien	**Erläuterung**
Prinzip der individualisierten Belastung	Aufgrund der großen Streuung sowohl des biologischen Alters (enorme Reife-, Größen- und Gewichtsunterschiede) als auch der sportlichen Leistungsfähigkeit und Motivationslage in einem Klassenverband sollten so weit wie möglich die Trainingsinhalte und -methoden differenziert an die jeweilige Individualität der Schüler angepasst werden. Dieser schwer realisierbare Anspruch kann beispielsweise durch die Bildung von Leistungs- und Neigungsgruppen bzw. die persönliche Förderung Einzelner durch den Lehrer oder durch Mitschüler erreicht werden.
Prinzip des trainingswirksamen Reizes	Jeder Belastungsreiz muss eine bestimmte Schwelle überschreiten, damit ein Leistungszuwachs erzielt werden kann. Aufgrund der unterschiedlichen Leistungsfähigkeit und Belastbarkeit muss versucht werden, die Trainingsreize bzw. Anforderungen den individuellen Möglichkeiten der Schüler anzupassen. Beispiel „Klimmzüge“: Bei schwächeren Schülern kann der adäquate Trainingsreiz durch eine Ausführung im Schrägliegehang, bei stärkeren im freien Hang erreicht werden.
Prinzip der ansteigenden Belastung	Eine Leistungssteigerung kann nur erfolgen, wenn die Anforderungen sowohl im technisch-koordinativen als auch konditionellen Bereich progressiv gesteigert werden nach dem Motto vom Einfachen zum Schwierigen bzw. vom Einfachen zum Komplexen.
Prinzip der variierenden Belastung	Um eine Gewöhnung an einen Trainingsreiz zu vermeiden (= Minderung der Trainingseffizienz) sollte auf eine vielseitige, varianten- und abwechslungsreiche Belastungsgestaltung geachtet werden. Gleichzeitig dient dies der Motivation der Schüler.
Prinzip der kontinuierlichen Belastung	Ohne kontinuierliche Belastung ist keine Leistungssteigerung möglich. Da der Sportunterricht normalerweise nur einmal wöchentlich über eine Doppelstunde erfolgt, müssten in jeder Trainingseinheit alle motorischen Hauptbeanspruchungsformen (Ausdauer, Kraft, Schnelligkeit, Beweglichkeit und Koordinative Fähigkeiten) geschult werden. Dies ist aufgrund des Zeitmangels nur ansatzweise möglich. Sportliche „Hausaufgaben“ wären in dieser Hinsicht hilfreich.
Prinzip der richtigen Belastungsfolge	Übungen, die ein hohes Maß an psycho-physischer Frische erfordern (Technik-, Schnelligeits- bzw. Schnellkraft und Maximalkrafttraining), sollten am Anfang stehen. Schnelligkeits- und Kraftausdauerübungen sollten vor einem finalen reinen Ausdauertraining zum Einsatz kommen.
Prinzip der Altersgemäßheit	Alle Übungen und Methoden müssen sowohl hinsichtlich der Belastbarkeit als auch der Interessenslage den altersspezifischen Besonderheiten angepasst werden. Beispiel: „Kleine Spiele“ sollten insbesondere in den unteren Jahrgangsstufen zur systematischen Schulung der koordinativen und konditionellen Fähigkeiten zum Einsatz kommen.

Tab. 19 : Für den Schulsport relevante Trainingsprinzipien

Aufgabenstellung 6

a)

Basistraining	Grundlagentraining
- Vorschulalter - Sportartunspezifisches, „polysportives“ Training - Kindgemäß, freudebetont, vielfältig und variabel - Allmähliches Heranführen an regelmäßiges Training	- Im Allgemeinen Grundschulalter, es schließt sich an das Basistraining an - Sportartspezifisches Training - Erwerb grundlegender technischer Fertigkeiten (bereits in der Feinform möglich) - Anlage einer breiten motorischen Basis in der Zielsportart

Tab. 20 : Unterschiede zwischen Basis- und Grundlagentraining

b) Weitere Stufen: Aufbau-, Anschluss- und Hochleistungstraining

Aufgabenstellung 7

Im langfristigen Trainingsprozess des Fußballspielers sollen laut DFB-Ausbildungskonzeption all jene Eigenschaften und Fähigkeiten entwickelt werden, die der Sportler für eine optimale Leistungsentfaltung im Hochleistungsbereich (WM-, EM- oder Champions League-Teilnahme) benötigt wie:

- technische Perfektion auf allen Spielpositionen
- perfektes taktisches Verhalten in einstudierten Spielsystemen
- höchste sportartspezifische Leistungsfähigkeit hinsichtlich konditioneller, mentaler und motivationaler Parameter
- Herausbildung „mündiger“ Spielerpersönlichkeiten mit Leader-Qualitäten und optimal entwickeltem Durchsetzungsvermögen etc.

Diese spielerischen Qualitäten müssen progressiv, unter Berücksichtigung der so genannten „sensiblen Phasen“ entwickelt werden. Jede Lernstufe bzw. Ausbildungsetappe ist dabei abhängig von der vorhergehenden, wobei sich die Inhalte und Methoden schrittweise den sich verändernden Gegebenheiten (körperlich-geistige Entwicklung, biologisches Alter etc.) anpassen. In dieser Hinsicht unterscheiden sich das anfängliche Fußballspielen der Kinder und auch jede weitere Etappe der Talentförderung klar vom späteren Hochleistungsfußball.

Zielsetzungen in den verschiedenen Phasen bzw. Trainingsetappen

Phase 1 (Vorschulalter, 3-6 Jahre = Bambini): In dieser Phase erfolgt eine breit gefächerte, vielseitige sportartunspezifische Bewegungsschulung, wobei durch viele allgemein bildende sportliche Aktivitäten und kindgemäße „kleine Spiele“ – sie beinhalten auch „Fuß“-Spiele – die Grundlagen für eine optimale körperliche, geistige, emotionale und soziale Entwicklung gelegt werden. Im Vordergrund der motorischen Entwicklung in dieser Anfangsphase des langfristigen Trainingsprozesses – sie wird auch als Basistraining bzw. als sportartunspezifisches Grundlagentraining bezeichnet – steht die umfassende Ausbildung vor allem der koordinativen Fähigkeiten als unabdingbare Voraussetzung für die spätere fußballerische Spitzenleistung. Darüber hinaus soll das Kind spielerisch für sportliche Aktivitäten begeistert werden.

Phase 2 (frühes Schulkindalter, etwa 7-10 Jahre = F- und E-Junioren): Diese Etappe stellt die erste Phase des sportartgerichteten Grundlagentrainings dar und dient dem Erwerb einfacher technisch-taktischer Fertigkeiten des Fußballspiels, die kindgemäß, spielerisch, vielseitig und variantenreich unter Einsatz altersadäquater Trainingsinhalte und -methoden erarbeitet werden. Im Vordergrund stehen das Fußball spielen lernen wie im Straßenfußball in kleinen Teams und Feldern, die Steigerung der Geschicklichkeit und Schnelligkeit am und mit Ball, das spielerische Kennenlernen der Basistechniken mit besonderer Beachtung der Beidfüssigkeit, wie z.B. des Ballführens (Dribblings) bzw. der Ballkontrolle, der Ballannahme, des Passens, des Fintierens und des Torschusses. Taktisch lernen die Kinder in Klein-Team-Situationen (z.B. 1:1, 2:1, 2:2 etc.) die Grundregeln für eine Raumorientierung und -aufteilung, wie z.B. „zwischen Tor und Gegner stehen“, „in den freien Raum laufen“, „sich vom Gegner lösen“ etc.

Phase 3 (spätes Schulkindalter bis Beginn der Pubertät, etwa 11-14 Jahre): Die zweite Phase des fußballspezifischen Grundlagentrainings beinhaltet die systematische Weiterführung des Trainings der Basistechniken in verschiedenen Situationen und auf verschiedenen Spielpositionen, die weitere Schulung individualtaktischer Abläufe in Offensive und Defensive (Doppelpass, Übernehmen etc.) durch Fußballspiele mit verschiedenen Schwerpunkten und freies Spiel zur Förderung von Eigeninitiative, Motivation und Willenskraft sowie die spielerische Konditionsschulung.

Phase 4 (Adoleszenz, etwa 15 bis 18 Jahre): In dieser Etappe – sie wird auch *Aufbautraining* oder *beginnendes Spezialisierungstraining* genannt – steht die individuelle Vorbereitung auf die speziellen Anforderungen der verschiedenen Spielpositionen, die Perfektionierung technisch-taktischer Abläufe im Gruppen- und Mannschaftstraining sowie die systematische fußballspezifische Konditionsschulung im Vordergrund. Die technisch-taktische Perfektionierung erfolgt unter zunehmendem Zeit-, Raum-, Gegner- und Konditionsdruck.

Phase 5 (etwa 17/18 und 19/20 Jahre): Diese Phase wird als *Anschlusstraining* bzw. *belastungsgerechtes Übergangstraining* bezeichnet und stellt den Übergang vom Nachwuchs- zum Hochleistungstraining dar und betrifft die so genannten „Perspektivspieler“.
Ziele: Individuelle Vorbereitung auf konditionelle positionsspezifische Anforderungen, Perfektionierung der Basistechniken angepasst an spezielle Positionsanforderungen, Optimierung taktischer Abläufe (Gruppen- und Mannschaftstaktik) orientiert am jeweiligen Spielsystem durch komplexe Spielformen; Fördern von Leistungswillen und Disziplin.

Phase 6 (etwa 21-29 Jahre): In diesem Abschnitt – er stellt auch das *Hochleistungsalter* des Fußballers dar - erfolgt das *Hochleistungstraining* und die Formung zum Spitzenspieler mit der Perfektionierung aller fußballspezifischen Anforderungen in technisch-taktischer, konditioneller und mentaler Hinsicht. Ziele des Spitzenfußballers sind dabei:

- Mit Freude und Akribie zum Erfolg kommen
- Perfektionieren der Positionstechniken, Erarbeiten stabiler Abläufe mit höchster Dynamik unter Zeit-, Raum- und Gegnerdruck
- Erwerb fußballspezifischer Fitness auf Top-Niveau
- Eingliederung in eine klare Mannschaftshierarchie mit Leader(n)

Erreicht werden diese Ziele durch komplexe Spielformen, positionsspezifisches Komplextraining, Perfektionieren der Gruppen- und Mannschaftstaktik, individuelles Fitnesstraining auf Top-Level.

Phase 7 (ab etwa 30 Jahre): In diesem Abschnitt – man nennt ihn auch die *Stabilisierungsphase* des Spitzenspielers - gilt es die Hochleistungsphase breit gefächert zu stabilisieren unter Berücksichtigung aller technisch-taktischen, konditionellen und mentalen Faktoren. Neben der Festigung positionstechnischer Bewegungsabläufe mit höchster Dynamik unter Druckverhältnissen aller Art, steht auch die Vorbildfunktion für das Team auf und neben dem Platz (Einsatzbereitschaft, Übernahme von Leitfunktionen für taktische Automatismen und gruppendynamische Abläufe, sportliche Lebensführung etc.) im Vordergrund.

Aufgabenstellung 8

Phasen der Periodisierung	Zielsetzungen am Beispiel eines 100m-Sprinter
Vorbereitungsperiode (VP)	Die VP dient der Leistungsentwicklung der sportlichen Form. Entsprechend dem Anforderungsprofil des Sprints müssen in der VP die Voraussetzungen für diese spezifische Leistungsfähigkeit geschaffen werden. In der ersten Phase steht eine breite allgemein konditionelle Vorbereitung im Vordergrund. Diese beinhaltet unter anderem ein allgemeines Krafttraining der Hauptmuskelgruppen (z.B. in der Form eines Zirkeltrainings im Kraftraum/Fitnessstudio). In der zweiten Phase überwiegen spezifische Übungen zur Verbesserung der charakteristischen Komponenten des Sprints, nämlich a) der Reaktionsschnelligkeit b) der beschleunigungsrelevanten Maximalkraft c) der Frequenzschnelligkeit und d) der Schnelligkeitsausdauer. Die VP einer jeden Sportart enthält außerdem die Ausbildung bzw. den Erhalt einer allgemeinen Grundlagenausdauer (dabei genügen zwei bis drei Dauerläufe pro Woche), welche der Steigerung der Belastbarkeit und Erholungsfähigkeit dient.
Wettkampfperiode (WP)	Diese Periode dient der Leistungsentfaltung. Sie ermöglicht über die hohen Belastungen der verschiedenen Wettkämpfe die Entwicklung und Stabilisierung der individuellen Höchstform. Zum Erreichen der Höchstform werden im Allgemeinen etwa 10 Wettkämpfe benötigt.
Übergangstperiode (ÜP)	Die ÜP stellt eine Phase des gesteuerten „Formverlustes" dar, in der Umfang und Intensität des Trainings absinken. Die „aktive Erholung" erfolgt über geeignete Sportarten, die dem Athleten Spaß machen und eine Abwechslung bzw. einen Ausgleich zu seinem speziellen Training bieten, wie dies z.B. mit Hilfe der Spielsportarten (Fußball, Tennis etc.) der Fall sein kann.

Tab. 21: Zielsetzungen eines 100m-Sprinters in den verschiedenen Phasen der Periodisierung

Aufgabenstellung 9

Konditionelle Eigenschaft	Basketballspezifisches Anforderungsprofil	Geeignete leistungs-diagnostische Tests
Kraft	Sprungkraft (Sprungwurf, Jump, Dunking, etc.)	„Jump-and-Reach"-Test; Standweitsprung
	Sprintkraft (Antrittsschnelligkeit bei Angriffs- und Abwehraktionen, z.B „Fast-break", Balleroberung)	5m/10m-Sprints aus dem Stand; Richtungswechselläufe; Side-step-Läufe mit Zeitmessung
	Wurf-/Passkraft (lange Pässe bei Fastbreaks, Über-Kopf-Pässe, Brustdruckpässe, Distanzwürfe,etc.)	Ein- und beidarmiger Medizinballweitwurf, Brustdruckpass mit dem Basketball gegen die Wand (Zeitmessung)
Schnelligkeit	Wahrnehmungs-, Antizipations-, Entscheidungs- und Reaktionsschnelligkeit (Die Summe aus Wahrnehmungs-, Antizipations-, Entscheidungs- und Reaktionsschnelligkeit nennt man Handlungsschnelligkeit des Spielsportlers)	„Stabfall-" und „Match-Test" (wissenschaftlicher Test zur Bestimmung der komplexen Reaktionsfähigkeit - eine Folge von Bildern muss reaktiv mit Händen/Füssen abgearbeitet werden) (s. LKSport Bd.3, S. 124)
	Sprintschnelligkeit (s. Sprintkraft oben)	
Ausdauer	Grundlagenausdauer	Coopertest
	Spezielle Ausdauer (Sprung-, Sprint- und Wurfkraftausdauer)	Hürdensprünge auf Zeit, wiederholte Kurzsprints mit unvollständiger Pause; wiederholte Dribblings mit Sprungwurf von der Freiwurflinie

Tab. 22 : Das konditionelle Anforderungsprofil im Basketball – geeignete Tests

II Anatomisch-physiologische Grundlagen zur Adaptation der verschiedenen Organsysteme an sportliches Training

Aufgabenstellung 10

a)

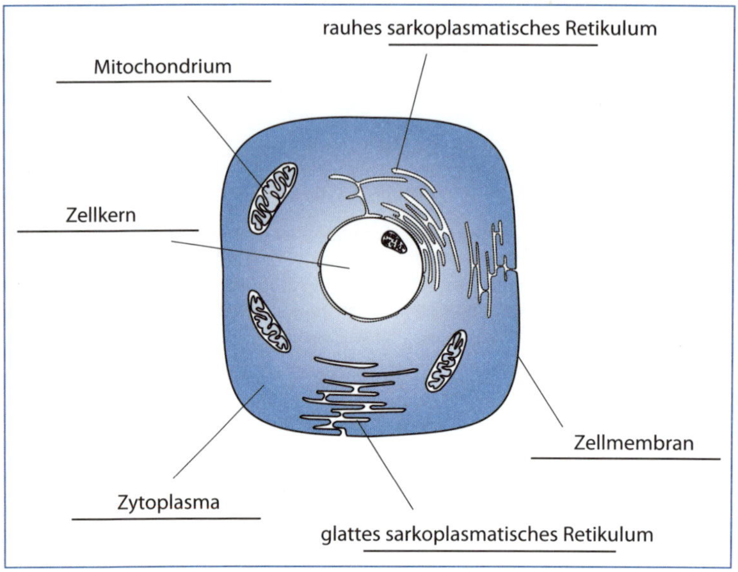

Abb.18 : Die Zelle und ihre wichtigsten Strukturelemente

b)

Zellstruktur	**Hauptfunktion(en)**
Zellmembran	- Selektive Durchlässigkeit für organische (z.B. Aminosäuren) und anorganische (z.B. Mineralien) Substanzen - Verbindung mit anderen Zellen - Aufrechterhaltung des Membranpotenzials, das für die Erregbarkeit bzw. Arbeitsfähigkeit der Zelle unabdingbar ist
Zellkern	Träger des genetischen Materials mit der Fähigkeit zur identischen Verdoppelung
Zellplasma	Ort der anaeroben Energiegewinnung, des intrazellulären Zucker- und Fettauf- und -abbaus, Energiespeicher (Zucker und Fette)
Mitochondrien	Kraftwerke der Zelle (Ort der aeroben Energiegewinnung)
Glattes endoplasmatisches Retikulum (ER)	Intrazelluläres Transportsystem (z.B. für Kalziumionen, die bei der Kontraktion der Muskelzelle von Bedeutung sind)
Rauhes endoplasmatisches Retikulum	Das mit Ribosomen besetzte rauhe ER hat u.a. die Aufgabe der Eiweisssynthese (z.B. Muskelaufbau nach Krafttraining)

Tab.23: Hauptfunktionen der verschiedenen Zellstrukturen

Aufgabenstellung 11

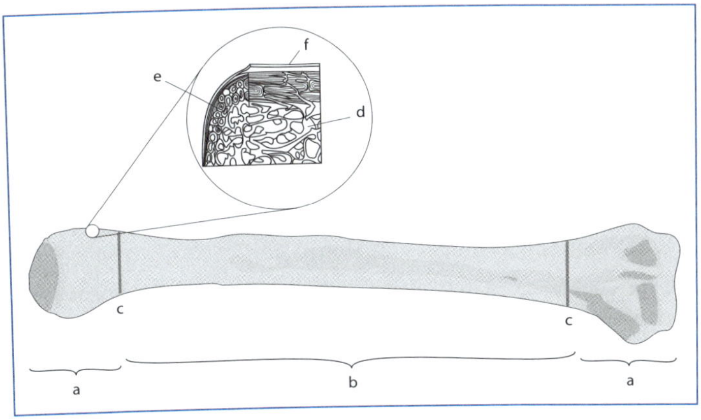

a = Epiphyse
b = Diaphyse
c = Wachstumsfuge
d = Spongiosa (Knochenbälkchen)
e = Corticalis (Knochenrinde)
f = Knochenhaut

Abb.19: Schematischer Aufbau eines Röhrenknochens

Aufgabenstellung 12

Knochenstruktur	Anpassungsmechanismen
Knochenrinde	Dickenzunahme
Knochenbälkchen	Verstärkung, Verdichtung und Ausrichtung nach den Druckkraftlinien der gegebenen Beanspruchung
Knochenvorsprünge	Verstärkung der Ansatzzonen von Sehnen

Tab.24 : Anpassungsmechanismen des Röhrenknochens

Aufgabenstellung 13

a) Definition:

Unter Osteoporose versteht man umgangssprachlich „Knochenschwund". Dabei verliert der Knochen zunehmend an Masse. Zuerst schwindet die Knochenbälkchenstruktur, später und wesentlich langsamer nimmt die Dicke der kompakten Knochenrinde ab. Damit erhöht sich die Frakturgefährdung erheblich (in Deutschland liegt die jährliche Rate für Wirbelfrakturen bei ca. 3 Millionen, die der Oberschenkelhalsfrakturen bei etwa 130 000).

b) Ursachen der Entstehung:

Osteoporose ist **die** Bewegungsmangelkrankeit schlechthin.
Wer lebensbegleitend ein adäquates Krafttraining oder Spielsportarten (z.B. Tennis, Tischtennis) betreibt, hat keine Osteoporose.
Neben dem Bewegungsmangel als Hauptursache, spielen auch andere Faktoren – allerdings in wesentlich geringerem Ausmaß – eine Rolle. Dies können sein: genetische Disposition, Östrogen- bzw. Testosteronmangel, kalziumarme Ernährung, Vitamin D-Mangel (wegen zu geringer Sonnenexposition; UV Licht verwandelt das Provitamin D in der Haut in aktives Vitamin D), starkes Rauchen und Alkoholabusus.

Aufgabenstellung 14

a) Definition der Gelenkarthrose: Abnützung bzw. Zerstörung des hyalinen Gelenkknorpels

b) Ursachen:
- Überbeanspruchung durch sportliche Belastung (z.B. zu intensive und zu umfangreiche Sprungserien, unsachgemäße Belastung an Kraftmaschinen im Fitnessstudio)
- mangelhafter bzw. unsystematischer Trainingsaufbau (unzureichender Gelenkschutz durch zu schwache Muskulatur)
- unzureichende Belastungsvorbereitung (fehlendes Aufwärmen)
- zu früher Belastungsbeginn nach Verletzung (z.B. beim Fußball: Ungenügende Schonfrist bzw. ungenügender Muskelaufbau nach Meniskusverletzung)
- Bewegungsmangel (z.B. durch zu langes Sitzen fehlt die für die Ernährung des Knorpels entscheidende Wechsel-Druck-Belastung: Bei Bewegung, z.B. beim Laufen, erfolgt stets eine Be- bzw. Entlastung der knorpeligen Strukturen. Während der Druckbelastung werden die Stoffwechselzwischen- und -endprodukte aus dem Knorpelgewebe ausgepresst, während der Entlastungsphase saugt sich der Knorpel mit Flüssigkeit und Nährstoffen voll.
- Kortisonbehandlung (eine längerfristige Behandlung mit Kortison z.B. bei entzündlichen Gelenksprozessen führt zu einer Minderbelastbarkeit des Gelenkknorpels)
- genetischer Faktor (erbbedingte herabgesetzte Belastbarkeit des hyalinen Knorpels)

c) Heilungschancen:

Da der hyaline Knorpel keine nervale Versorgung besitzt, verläuft der Beginn der Arthrose ohne Schmerzwarnung. Treten Schmerzen auf, liegen meist schon irreparable Schäden vor.
Darüber hinaus weist der hyaline Knorpel keine eigenen Blutgefäße auf und wird nur durch Diffusion aus randständigen Kapillaren bzw. durch die Gelenkflüssigkeit ernährt. Dadurch liegt ein verlangsamter Stoffwechsel vor, der die Heilungschancen entscheidend beeinträchtigt.

Aufgabenstellung 15

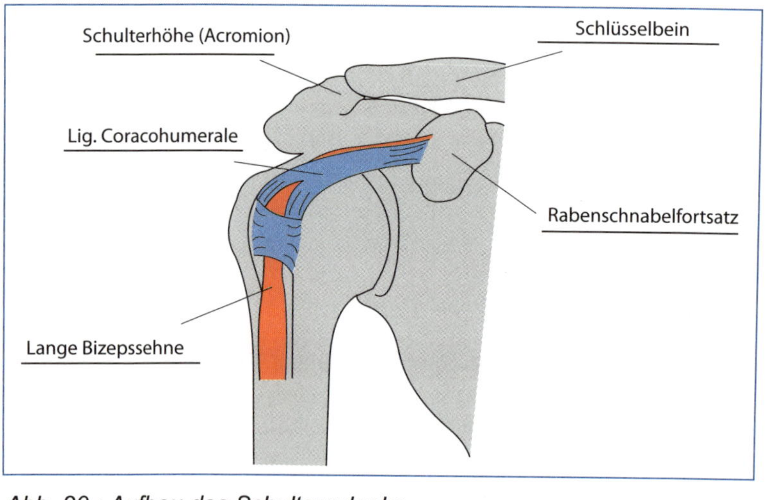

Abb. 20 : Aufbau des Schultergelenks

Aufgabenstellung 16

a) Gemeinsamkeiten von Schulter- und Hüftgelenk:
- Beide Gelenke sind Kugelgelenke
- Sie besitzen 3 Bewegungsachsen

b) Unterschiede zwischen Schulter- und Hüftgelenk

Schultergelenk	**Hüftgelenk**
Keine Knochenführung (Verhältnis von Gelenkpfanne zu Gelenkkopf 1:4)	Knochenführung durch tiefe Einlagerung des Oberschenkelkopfes in die Gelenkpfanne des Hüftbeins, wobei der knöcherne Rand noch mit einer faserknorpeligen Gelenklippe versehen ist
Schlaffe Gelenkkapsel, deshalb nur geringe Sicherung	Straffe Gelenkkapsel, deshalb starke Sicherung
Nur ein Band sichert das Gelenk	Vier kräftige Bandzüge sichern das Gelenk
Sicherung durch die Schultergelenksmuskulatur wie z.B. m. deltoideus, m. biceps brachii, m. triceps brachii, m. pectoralis major, m. latissimus dorsi	Sicherung durch die starke Hüftgelenksmuskulatur wie z. B. m. glutaeus maximus, mm. ischiocrurales, m. rectus femoris
Die Greif-, Tast- und Ausdrucksfunktion der Hand erfordert eine hohe Beweglichkeit im Schultergelenk. Es ist das beweglichste und damit auch luxationsgefährdetste Gelenk des Menschen	Das Hüftgelenk dient vor allem der Sicherung und Stabilität und weist damit eine eingeschränkte Beweglichkeit auf. Kaum luxationsgefährdet.

Tab. 25: Unterschiede zwischen Schultergelenk und Hüftgelenk

Aufgabenstellung 17

a)

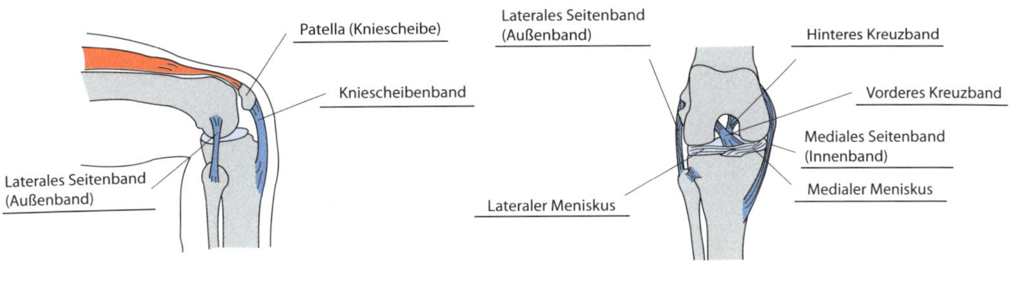

Abb. 21 : Seiten- und Vorderansicht des Kniegelenks

b) Da der Innenmeniskus mit der Gelenkkapsel und dem inneren Seitenband verwachsen ist, kann er traumatischen Einwirkungen weniger gut ausweichen als der Außenmeniskus und ist deshalb verletzungsanfälliger.

16
17

Aufgabenstellung 18

Charakteristika	Ellbogengelenk	Oberes Sprunggelenk
Art des Gelenks	Drehwinkelgelenk	Scharniergelenk
Funktion(en) des Gelenks	Dreh-, Beuge- und Streckbewegungen, die in jeder Gelenkstellung und unabhängig voneinander möglich sind. Dies ermöglicht der Hand, als funktionell wichtigstem Teil des Armes, einen erweiterten Greif-, Tast- und Ausdrucksraum.	Beuge- und Streckbewegung
Gelenkbildende Knochen	Elle, Speiche, Oberarmknochen. Sie bilden 3 unterschiedliche Gelenke: 1.) Oberarm/Elle bilden ein reines Scharniergelenk 2.) Oberarm/Speiche bilden ein Drehwinkelgelenk 3.) Speiche/Elle bilden ein Drehgelenk, das die Umwendbewegung der Hand (Pronation/Supination) ermöglicht	Schienbein, Wadenbein, Gelenkrolle des Sprungbeines
Bandapparat	Inneres und äußeres Seitenband, Ringband	Innenband, Aussenband
Typische Verletzungen	Tennisellbogen, Werferellbogen	Vor allem Aussenbandüberdehnungen bzw. -risse

Tab.26 : Unterschiede zwischen Ellbogengelenk und oberem Sprunggelenk

18
19

Aufgabenstellung 19

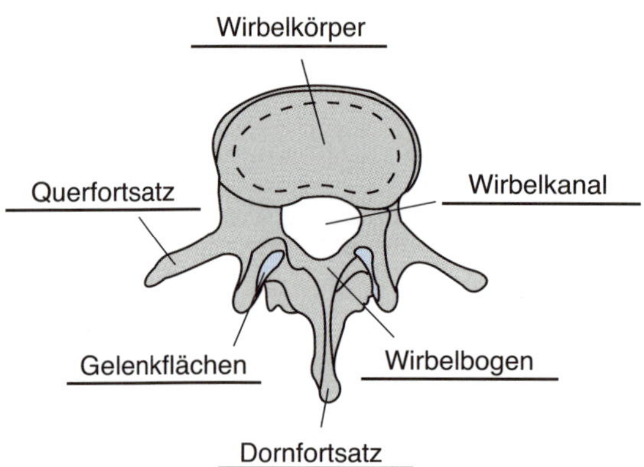

Abb. 22: Aufbau eines Wirbels

Aufgabenstellung 20

Sportart	Positive Auswirkungen	Negative Auswirkungen
Schwimmen (Kraulen)	Die Druckkräfte auf die Wirbelsäule werden im Wasser auf ein Minimum reduziert, da das Körpergewicht auf 1/10 seines Gewichts an Land vermindert wird. Dadurch kann die Bandscheibe in einen erhöhten Quellungszustand überführt werden. Dies bedeutet eine geringere mechanische Belastung der Wirbelkörper und der Bandscheiben. Durch die Aktivität des Schwimmens (Armzug, Beinschlag und Rollbewegung des Rumpfes in entlasteter horizontaler Lage) wird der Stoffwechsel sowohl der Leistungsmuskulatur als auch der die Wirbelsäule umgebenden Muskulatur sowie der Bandscheiben angeregt. Dies ist in regenerativer Hinsicht ein Ausgleich zu Alltagsbelastungen (z.B. langes Sitzen) und ungünstigen sportlichen Beanspruchungen (z.B. Hanteltraining).	Im Gesundheitssport hat das Schwimmen generell den Nachteil, dass es aufgrund der Entlastung des gesamten Körpers im Wasser nicht genügend Knochen stärkende Reize setzt und somit als Sportart für eine Osteoporoseprävention ungeeignet ist. Unter diesem Aspekt müssten zusätzliche sportliche Aktivitäten an Land (impact-Sportarten = Sportarten mit ausreichend hohen Kraftspitzen, z.B. Spielsportarten) durchgeführt werden.
Rudern	Das Rudern beinhaltet eine umfassende Kräftigung der wirbelsäulenstabilisierenden Rumpfmuskulatur (Bauch- und Rückenmuskeln) und ist damit im Gesundheitssport für die Vermeidung der heute so häufigen Haltungsschwächen bzw. -schäden hochgradig geeignet (jeder 2. Jugendliche ist davon betroffen).	1. Gefahr der Bandscheibendegeneration im Bereich der Lendenwirbelsäule (LWS): Die Ruderbewegung beinhaltet einen ständigen Wechsel von hochgradig kraftbetonter Extension (= Streckung während der Zugphase) und ausgeprägter Flexion (= Beugung während der Ausholphase) der Wirbelsäule im Bereich der LWS (= Drehpunkt). Streckung: maximaler Druck v. a. auf den hinteren Anteil des entsprechenden Faserrings der Bandscheibe. Beugung: sowohl Druck auf den vorderen Anteil des Faserrings als auch auf die hintere Partie durch den sich nach hinten verschiebenden Gallertkern. Folge: Degenerative Veränderung des Faserrings der Bandscheibe mit der Gefahr einer Vorwölbung (Protrusio) bzw. eines Vorfalls (Prolaps) durch das Reißen des Faserrings im hinteren Bereich. 2. Gefahr der Ausbildung eines Rundrückens im Bereich der Brustwirbelsäule (BWS): In der Ausholphase kann es durch die ausgeprägte Beugung insbesondere im BWS- Bereich zu Abnützungserscheinungen der Wirbelkörper kommen. Dies kann zur Ausbildung so genannter Keilwirbel (Höhenabnahme im vorderen Wirbelkörperbereich) und damit zur Entstehung eines irreversiblen Rundrückens führen.Vor allem für Jugendliche und Erwachsene mit Scheuermannsymptomatik stellt das Leistungsrudern eine Kontraindikation (Gegenanzeige) dar.

Tab. 27 : Positive und negative Auswirkungen von Schwimmen und Rudern im Vergleich

Aufgabenstellung 21

Die Aufwärts-/ Rückwärtsbewegung des Rumpfes führt zu einer übermäßigen Hohlkreuzbildung in der Lendenwirbelsäule (Hyperlordosierung). In der Folge kann es dadurch zu degenerativen Veränderungen im Bereich der kleinen Wirbelgelenke kommen, da sich der Drehpunkt der Belastung aus der Mitte der Bandscheibe nach hinten in die kleinen Wirbelgelenke verlagert, die auf diese Art der mechanischen Einwirkung nicht vorbereitet sind. Des Weiteren kann es langfristig zur Abnutzung der hinteren Anteile des Bandscheibenfaserrings kommen mit der Gefahr eines Bandscheibenvorfalls.
Die *Undulationstechnik* ist nicht nur mit einer Hyperlordosierung der LWS verbunden, sondern kann auch zu einer Überstreckung der HWS führen, insbesondere wenn der Kopf während der Überwasserphase zu stark in den Nacken genommen wird. Folge dieser unphysiologischen Belastung können Verspannungen im Nackenbereich und damit verbundene Kopfschmerzen sein.
Durch die kreisende Bewegung der Unterschenkel bei der Schwunggrätsche, kann es im Kniegelenk zu einer Überlastung des inneren Seitenbandes und des Innenmeniskus mit nachfolgenden Reizzuständen kommen (Entwicklung eines „Brustschwimmerknies").

Aufgabenstellung 22

Man sollte möglichst körpernah mit geradem Rücken und gebeugten Knien Lasten heben, um den Lastarm zu verkürzen. Damit wirkt eine wesentlich geringere Kraft auf Bandscheiben- und Wirbelkörperstrukturen.

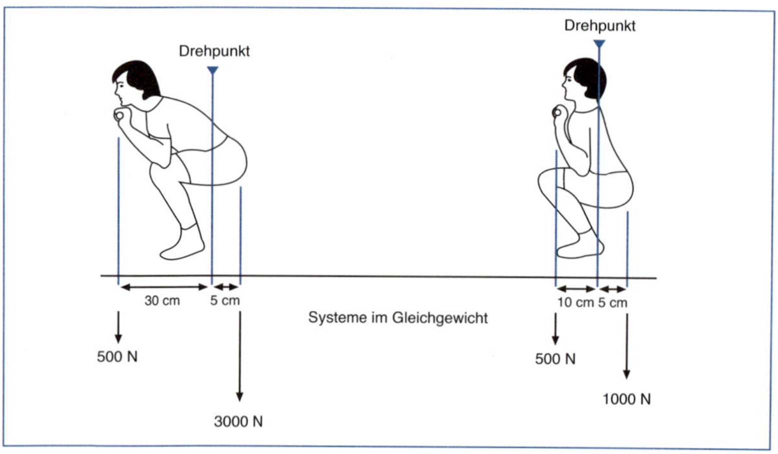

Abb. 23: Falsche (links) und korrekte Haltung (rechts) beim Heben von Lasten

Aufgabenstellung 23

a)

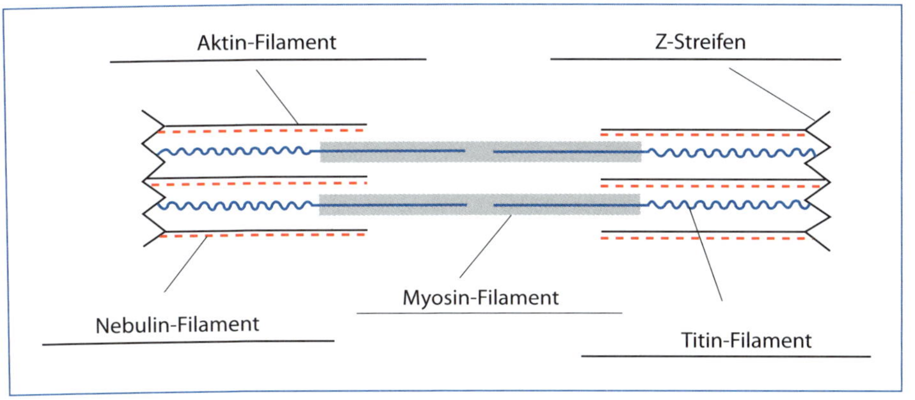

Abb. 24: Strukturelemente eines Sarkomers

b) Beim Kontraktionsvorgang binden sich die Myosinköpfe an die Aktinfilamente und ziehen diese durch schnell aufeinander folgende Kippbewegungen ihrer „Köpfe“ in Richtung Sarkomer-Mitte. Pro Sekunde erfolgen etwa 50 dieser „Ruderbewegungen“. Man spricht vom so genannten „Greif-Loslass-Zyklus“. Durch das teleskopartige Ineinandergleiten der Aktin- und Myosinfilamente innerhalb der unendlichen Zahl an hintereinander geschalteten Sarkomeren kommt es summativ zu einer Verkürzung des Muskels.

Aufgabenstellung 24

a) Bei einer optimal vorgedehnten Muskelfaser liegt ein nur geringer Überlappungszustand der Aktin- und Myosinfilamente vor, was in der Folge ein längstmögliches Ineinandergleiten und damit eine größtmögliche Kraftentfaltung in Gang setzen kann.
b) Bei einer maximal vorgedehnten bzw. überdehnten Muskulatur liegt keine Überlappung der Aktin- und Myosinfilamente vor, so dass ein Ineinandergleiten der kontraktilen Elemente erschwert ist. Es kommt daher zu einer stark verminderten Kraftentwicklung, wie dies z.B. beim so genannten Polizeigriff der Fall ist. Desgleichen kann ein bereits verkürzter Muskel keine hohen Kräfte mehr entwickeln, da das Ineinandergleiten nur bis zu einer etwa 50%igen Sarkomerverkürzung möglich ist. Dann berühren sich bereits die gegenüberliegenden Aktinfilamente.

Aufgabenstellung 25

Der 800m-Lauf stellt eine äußerst intensive Laufbelastung dar. Er erstreckt sich im Hochleistungsbereich über einen Zeitraum von weniger als 2 Minuten (WR: 1:41,11 min Männer und 1:53,28 min Frauen). Die Grafik zeigt, dass zu Beginn des 800m-Laufes die anaerobe Energiegewinnung auf Grund der hohen Intensität dominiert. Nachdem bei intensiven Belastungen alle Energiebereitstellungssysteme gleichzeitig anlaufen, aber zu unterschiedlichen Zeitpunkten ihr Maximum erreichen, leistet die aerobe Energiegewinnung von Anfang an einen Beitrag am energetischen Gesamtaufkommen. Mit steigender Belastungsdauer nimmt die Bedeutung und damit der Anteil der aeroben

Energiegewinnung zu, ab etwa 30 sek dominiert sie bereits. Demnach liegt bei einem 800m-Lauf ein Mischverhältnis von anaerober und aerober Energiebereitstellung vor, das sich nach etwa 60 Sekunden auf einem Verhältnis von ca. 75% aerob zu 25% anaerob einpendelt.
Bei einem Schlussspurt, der hier in der Abbildung nicht vorliegt, würde der anaerobe Anteil nochmals beträchtlich ansteigen.

Aufgabenstellung 26

Das Fußballspiel dauert 2 mal 45 Minuten und beinhaltet nachfolgende Aktivitäten der Feldspieler mit entsprechenden energetischen Anforderungen:

- ultrakurze hochintensive Einzelaktionen: Schüsse, Sprünge, Kopfbälle, weite Einwürfe. Die hierbei ablaufende Energiebereitstellung erfolgt ausschließlich durch die muskulären ATP-Speicher.

$$\text{ATP} \xrightleftharpoons{\text{Myosin ATP-ase}} \text{ADP + P + Energie}$$

- kurze Sprints: Im Fußballspiel stellen über 90% aller Sprints Streckenlängen von weniger als 30 m dar. Im Hochleistungsbereich entspricht dies einer Belastungsdauer von weniger als 4 Sekunden.
Etwa 50% aller Sprints liegen unter einer Länge von 10 m (Belastungsdauer weniger als 2 Sekunden).
Die hierbei ablaufende Energiebereitstellung erfolgt alaktazid über die muskulären energiereichen Phosphatspeicher (ATP/KP).

$$\text{KP + ADP} \xrightleftharpoons{\text{Kreatinkinase}} \text{Kreatin + ATP}$$

Da im Fußball jeder Spieler durchschnittlich alle 90 Sekunden eine Sprintaktion ausführt, steht genügend Zeit zur Verfügung, um die hierbei beanspruchten ATP-/KP-Speicher wiederaufzufüllen.

- Längere Sprints, insbesondere von Mittelfeldspielern bzw. in schneller Folge sich wiederholende kurze Antritte (z.B. beim Pressing), benötigen die Einbeziehung des intrazellulären Glykogenabbaus, also der anaeroben, laktaziden Zuckerverstoffwechslung.

$$\text{Glykogen} \xrightleftharpoons{\text{Enzyme der anaeroben Energiebereitstellung}} \text{2 ATP + Milchsäure}$$

Beachten Sie:
Bei allen intensiven bzw. maximalen Belastungen laufen alle Energiebereitstellungssysteme gleichzeitig an, was summativ zu einer stetigen Abnahme der Glykogenspeicher führt.

- Gesamtlaufleistung pro Halbzeit: Sie setzt sich neben den Sprints aus Läufen mit geringer, mittlerer und submaximaler Intensität zusammen:
Im Profifußball legt ein Spieler im Schnitt etwa 6 km pro 45 Minuten zurück (Mittelfeldspieler etwas mehr, Sturmspitzen etwas weniger). Hierbei wird vor allem der aerobe Zuckerstoffwechsel beansprucht.

$$1 \text{ Glukose} + 6\, O_2 + 36 \text{ ADP} + 36\, P_i \xrightleftharpoons{\text{Enzyme der aeroben Energiebereitstellung}} 6\, CO_2 + 6\, H_2O + 36 \text{ ATP}$$

In Spielabschnitten mit geringen Belastungen bzw. während Spielunterbrechungen oder Standpausen dominiert der aerobe Fettstoffwechsel.
Bei längeren Läufen mit submaximaler Intensität kommt es zu einer Mischform der aeroben und anaeroben Energiebereitstellung, wobei in mehr oder weniger ausgeprägtem Maße Laktat produziert wird.
Insgesamt beträgt der durchschnittliche Laktatspiegel während eines Spiels (Hochleistungsbereich) je nach Position des Spielers etwa 6 - 8 mmol Laktat pro Liter Blut, kann aber auch in manchen Situationen auf wesentlich höhere Werte (bis zu etwa 14 mmol Laktat/l Blut) ansteigen.

Aufgabenstellung 27

Aus der Grafik ist zu ersehen:
1. Der muskuläre Glykogenvorrat aller 6 Spieler nimmt während des Fußballspiels kontinuierlich ab. Aus energetischer Sicht ist dies vor allem auf die Vielzahl unterschiedlicher Laufaktivitäten mit anaerob laktazidem bzw. gemischt aerob/anaerobem Stoffwechsel (s. vorherige Aufgabe) zurückzuführen. Weiterhin gilt: Bei jeder intensiven Aktion (auch bei ultrakurzen Belastungen, s. vorherige Aufgabe) laufen alle Energiebereitstellungsmechanismen gleichzeitig an, also auch die anaerob laktazide, so dass es summativ gegen Ende des Spiels zu einem fast vollständigen Abbau der muskulären Glykogenvorräte kommt.
2. Das Ausgangsniveau der muskulären Glykogenspeicher ist bei allen 6 Spielern unterschiedlich, obwohl sie ein und derselben Mannschaft angehören. Ursächlich liegen verschiedene Trainingszustände bzw. Spielpositionen zu Grunde. Die unterste Kurve könnte beispielsweise dem Torwart zugeordnet werden.
3. Der Glykogenabfall verläuft unterschiedlich steil. Diese Tatsache lässt sich dahingehend erklären, dass die Spieler mit höherem Ausgangsniveau bzw. besserem Trainingsniveau aktiver am Spiel teilnehmen als konditionsschwächere Mitspieler.
4. Der Abfall der Glykogenspeicher ist in der 1. Halbzeit stärker ausgeprägt (steilerer Abfall der Kurven in den ersten 45 Minuten) als in der 2. Halbzeit. Das tiefe Niveau der Glykogenspeicher zu Beginn der 2. Halbzeit lässt auf einen schlechten Konditionszustand schließen. Die Steilheit der Kurven nimmt in der 2. Halbzeit zwangsläufig ab, da zwischen Ausgangsniveau und völliger Ausschöpfung der Glykogenreserven nur noch eine geringe Bandbreite zur Verfügung steht.
Dementsprechend werden intensive Laufaktivitäten in der 2. Halbzeit beträchtlich abnehmen.

Aufgabenstellung 28

Alle Energie liefernden Prozesse laufen gleichzeitig an und erreichen zu unterschiedlichen Zeitpunkten ihr jeweiliges Maximum. Dies verdeutlicht nachfolgendes Diagramm. Die entsprechenden chemischen Reaktionsgleichungen sind in Aufgabenstellung 16 dargestellt.
Beachten Sie: ATP ist dabei der einzige unmittelbare Energielieferant des Muskels. Da sein Vorrat in der Muskelzelle sehr gering ist, dienen alle nachfolgenden Reaktionen ausschließlich der Wiederauffüllung der ATP-Speicher (Weitere Erklärungen s. LK Sport, Bd.1, S.101ff)

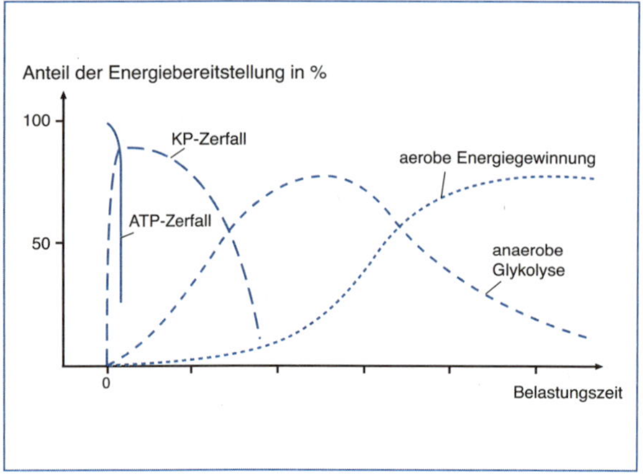

Abb. 25: Der Anteil der verschiedenen Substrate an der Energiebereitstellung bei jeweils maximal möglicher Belastung im Zeitverlauf

Aufgabenstellung 29

Übung	Analyse des Bewegungsablaufs	Leistungsbestimmende Muskeln
Klimmzug	Armbeugung	m. biceps brachii, m. brachialis, m. brachioradialis
	Heranführung des Rumpfes an die Oberarme, entspricht einer Armsenkung	m. pectoralis major, m. lattissimus dorsi, m. triceps brachii
Squat-jump	Streckung des Hüftgelenks,	m. glutaeus maximus, mm. ischiocrurales
	des Kniegelenks,	m. quadriceps femoris
	des oberen Sprunggelenks	m. triceps surae, wobei der m. gastrocnemius von besonderer Bedeutung ist
Kugelstoß	Streckung des Hüft-, Knie- und oberen Sprunggelenks	s. oben
	Rumpfdrehstreckung	äußere schräge Bauchmuskulatur rechts beim Rechtsstoßer, innere schräge Bauchmuskulatur links
	Vorbringen und Streckung des Stoßarms	m. pectoralis major, m. trieps brachii
	Finale Handgelenksbeugung	mm. flexores digitorum (Hand- bzw. Fingerbeuger)

Tab. 28 : Charakterisierung dreier Bewegungsabläufe

Aufgabenstellung 30

Die Muskelschlinge des dargestellten Sprinters ist eine Streckschlinge. Sie zeigt die Streckung des oberen Sprunggelenks sowie des Knie- und Hüftgelenks. Beteiligte Muskulatur (siehe Squat-jump Tab. 25)

III Das Training der motorischen Hauptbeanspruchungsform Kraft

Aufgabenstellung 31

- Schutz der Gelenke:
In allen Spielsportarten dominieren schnelle Antritte, Stop-and-go-Aktionen, Richtungswechsel, Sprünge, Schüsse bzw. Würfe. Die explosive Ausführung dieser Aktivitäten belastet alle Gelenkstrukturen hochgradig. Nur eine gut ausgebildete Muskulatur ist in der Lage, die Gelenke zu stabilisieren und zu schützen.
Beispiel Handball: Wie eine Vielzahl von Untersuchungen zeigt, könnte die Häufigkeit von Meniskus- und Kreuzbandrissen durch ein adäquates Krafttraining drastisch reduziert werden.
Beachten Sie: Kapseln und Bänder sind ohne die Unterstützung der Muskulatur niemals in der Lage, die enormen Kräfte, die im Spiel auftreten abzufangen.

- Vermeidung so genannter muskulärer Dysbalancen (= Kraftungleichgewichte, z.B. zwischen Agonist und Antagonist). Durch einseitiges Training kann es zu einer überproportional entwickelten Leistungsmuskulatur kommen, was die Ursache vielfältiger Muskelverletzungen (Zerrungen, Muskelfaserrisse, etc.) der unterentwickelten muskulären Antagonisten sein kann.

Aufgabenstellung 32

Krafttrainingsmetode (KTM)	Praktische Beispiele / Übungen
Positiv-dynamische bzw. konzentrische KTM	z.B. Liegestütze / Klimmzüge / Kniebeugen mit Hantel / Sit-ups (in allen Übungen ist der konzentrische, nicht aber der exzentrische Anteil der Übungsausführung leistungsbestimmend);
Negativ-dynamische bzw. exzentrische KTM	- Alle oben genannten Übungen , allerdings mit Akzentuierung des exzentrischen Anteils, z.B. Liegestütz mit zusätzlichem Partnerdruck beim Absenken (= negativ-dynamischer Anteil der Übung), Kniebeugung einbeinig / Streckung beidbeinig - Niedersprung vom Kasten (Abfangen des Gewichts)
Plyometrische KTM	- Sprunglauf - Mehrfache Niederhochsprünge, z.B. über Hürden
Statische KTM	- Hocke gegen die Wand (Hüft- und Kniebeugewinkel jeweils 90°) - Halten eines Klimmzuges in 90°-Winkelstellung von Ober- und Unterarm
Statisch-dynamische bzw. intermediäre KTM	- Klimmzug, wobei innerhalb des Bewegungsablaufes (sowohl beim konzentrischen als auch exzentrischen Anteil) in bestimmten für eine Sportart wichtigen Winkelstellungen ein isometrischer Stopp von 2 bis 3 sec eingelegt wird, gefolgt von der dynamischen Weiterführung der Bewegung - Kniebeuge mit mehreren isometrischen Stopps (s. oben)

Tab. 29: Praktische Übungen zu verschiedenen Krafttrainingsmethoden

Aufgabenstellung 33

a) Die Muskelhypertrophie bedeutet eine Vergrößerung des Muskelquerschnitts. Sie ergibt sich aus der Verdickung der Muskelfasern, wobei sich die kontraktilen Elemente Aktin und Myosin sowie die bindegewebigen Begleitstrukturen innerhalb der Muskelzelle in ihrer Zahl bzw. Masse vermehren.
b) Eine Muskelquerschnittszunahme kann durch verschiedene Trainingsmethoden z.B. die konzentrische / exzentrische / isometrische oder intermediäre KTM erreicht werden. In der Folge wird ein konzentrisches Krafttraining mit Hilfe der zugehörigen Belastungskomponenten beschrieben.

Belastungskomponenten	Kurzcharakteristik der konzentrischen KTM
Reizintensität	50-70% der Maximalkraft
Reizdauer	Etwa 8-12 Wiederholungen, langsame bis zügige Ausführung ohne Unterbrechung. Beachten Sie: Je langsamer die Ausführung, desto ausgeprägter ist der Hypertrophiereiz.
Reizumfang	3-5 Serien (Anfänger), 5-8 Serien (Fortgeschrittene)
Reizdichte	Serienpause etwa 3 Minuten
Reizkomplexität	gering, da einfacher Bewegungsablauf
Reiz- bzw. Trainingshäufigkeit	Mindestens 2 mal pro Woche

Tab. 30 : Belastungskomponenten beim Hypertrophietraining

Aufgabenstellung 34

33
34

a) - Muskelquerschnitt
- intramuskuläre Koordination
- intermuskuläre Kordination

b) **Kugelstoßen**: Um die 7,25 kg-Kugel (Männer) möglichst weit stoßen zu können, benötigt der Sportler v.a.
1) eine maximale bzw. optimale Körpermasse
2) eine optimal ausgebildete Schnellkraft der leistungsbestimmenden Muskeln und
3) eine optimale sportartspezifische Technik

Zu 1)
Die notwendige Körpermasse wird durch ein akzentuiertes Hypertrophietraining der leistungsbestimmenden Muskulatur erreicht. Für dieses spezielle Querschnittstraining benötigt der Sportler in der Vorbereitungsperiode mindestens 4 - 6 Wochen bei täglichem Training (Spitzensport).
Geeignete Methoden: konzentrische / exzentrische / isometrische oder intermediäre KTM (siehe Aufgabe 32). Damit ein Hypertrophiereiz gegeben ist, muss eine Mindestbelastungszeit gewährleistet sein, beim Hanteltraining empfehlen sich mehrere Sätze/Serien von 8-12 Wiederholungen. Bei Belastungszeiten unter einer Sekunde ist eine Querschnittszunahme, selbst bei maximaler Intensität nicht bzw. kaum zu erreichen.

Zu 2)
Auf der Grundlage eines optimal entwickelten Querschnitts, muss der Muskel in der Folge intramuskulär ausgereizt werden. Dies bedeutet, dass er eine zusätzliche Beschleunigungskraft entwickeln kann, indem möglichst viele Muskelfasern synchron (gleichzeitig) innerviert und damit zur Kontraktion gebracht werden (s. Abb. 66, S. 128 LK Sport, Band I).
Geeignete Methoden: Methode der maximalen Krafteinsätze, wobei sowohl mit maximalen Gewichten (konzentrische/exzentrische KTM) als auch mit Belastungen bei maximal schneller Ausführung (konzentrische/plyometrische KTM) gearbeitet wird.

Zu 3)
Bei der Optimierung der sportartspezifischen Technik, handelt es sich um die Perfektionierung des Bewegungsablaufes, sei es der Drehstoß- bzw. der O'Brien-Technik, auf nun erhöhtem Kraftniveau. Das Zusammenspiel aller leistungsbestimmenden Muskeln wird innerhalb eines akzentuierten Techniktrainingsblocks (ca. 2 – 3 Wochen) optimiert.

Hochsprung: Im Gegensatz zum Kugelstoßer, der eine maximale Körpermasse zur Beschleunigung der Kugel benötigt, ist beim Hochspringer eine ausgeprägte Hypertrophie nicht erwünscht. Er muss relativ leicht sein, da er sein eigenes Körpergewicht in eine höchst mögliche Höhe beschleunigen muss. Entscheidend für den Hochspringer ist demnach seine Kraft pro kg Körpergewicht, er muss also im Gegensatz zum Kugelstoßer, der eine möglichst große *absolute Kraft* benötigt eine stark ausgeprägte *relative Kraft* besitzen. Der Hochspringer steigert folglich seine Maximalkraft – sie ist die Grundlage für ein Höchstmaß an Sprungkraft – vor allem mit Hilfe des intra- und intermuskulären Koordinationstrainings. Das Hypertrophietraining darf nur insoweit erfolgen, dass es eventuell vorliegende Kraftdefizite ausgleicht und die Hochsprungleistung nicht negativ beeinflusst.
Geeignete Methoden für das intramuskuläre Koordinationstraining: v.a. plyometrische Trainingsformen, Hanteltraining bei maximal schneller Bewegungsausführung.
Intermuskuläres Koordinationstraining: Hochsprungspezifisches Techniktraining.

Handball: Der Handballer nimmt bezüglich des MKTs eine Mittelstellung zwischen Kugelstoßer und Hochspringer ein. Aufgrund seines sportartspezifischen Anforderungsprofils braucht er einen ausreichend entwickelten Muskelquerschnitt insbesondere für:
- Beschleunigungsphase bei kurzen Antritten und Tempogegenstößen
- Abrupte Richtungswechsel, Sprünge in Abwehr und Angriff, die jedoch im Vergleich zum Hochspringer nicht maximal, sondern nur situationsadäquat hoch sind
- Körperliches Durchsetzungsvermögen (Kreisspieler internationalen Niveaus wiegen kaum unter 100 kg)

Das MKT des Handballers beinhaltet demnach sowohl ein optimales, d.h. ausreichendes Hypertrophietraining als auch ein intra- und intermuskuläres Koordinationstraining.
Geeignete Methoden: siehe oben.
Zusammenfassend lässt sich feststellen: Alle 3 Sportler verbessern ihre Maximalkraft, allerdings unter differenzierter Akzentuierung unterschiedlicher Komponenten.

Aufgabenstellung 35

a) Definition: Unter Reaktivkraft versteht man die Fähigkeit, Gewichte bzw. den Körper abrupt abzubremsen (= exzentrischer Anteil der Kraftentwicklung) und in die Gegenrichtung zu beschleunigen (= konzentrischer Anteil).
Man spricht in diesem Zusammenhang auch vom so genannten *Dehnungs-Verkürzungs-Zyklus*: In der abbremsenden Phase wird dabei der Muskel plötzlich gedehnt, wobei es zur Auslösung des Dehnungsreflexes kommt. Dieser führt zu einer vermehrten Innervation von ansonsten nicht aktivierten Muskelfasern (Schutz vor Zerreißen) und damit zu einer schnelleren und höheren Kraftentwicklung bei der anschließenden Beschleunigung.
Weiterhin erfährt der Beschleunigungskraftstoß ein höheres Niveau, da es bei der vorherigen Dehnung der elastischen Komponenten des Muskels (bindegewebige Begleitstrukturen der Muskelfasern) zu einer Speicherung kinetischer Energie kommt (vergleichbar einem gespannten Gummi), die dann in der Folge der durch Muskelkontraktion erzeugten Kraft hinzugefügt wird.

b) Die Reaktivkraft als Subkategorie der Schnellkraft, wird stark von der Maximalkraft beeinflusst und kann deshalb folgendermaßen eingeordnet werden:

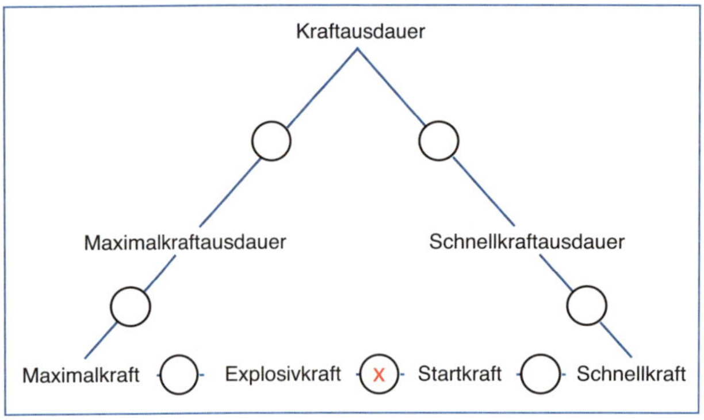

Abb.26 : Wechselbeziehung der verschiedenen Kraftarten

Aufgabenstellung 36

35
36

a) - Bodenturnen: Bei Sprungkombinationen, z.B. Flic-Flac mit anschließendem Salto rückwärts muss der Turner sein Körpergewicht abfangen bzw. abbremsen, um sofort zum Salto rückwärts abzuspringen. Typisch ist dabei ein prellender Absprung mit ultrakurzer Kontaktzeit.
- Basketball: Bei abrupten Richtungswechseln, z.B. bei Finten, mehrfach aufeinander folgenden „Tipp-in"-Versuchen und „Fast-breaks" muss der Körper des Spielers schnellstmöglichst abgebremst und in die neue Richtung beschleunigt werden.
- Dreisprung: Der Sportler muss in seiner Sprungfolge („hop-step-jump") sein Körpergewicht wiederholt abfangen und schnellkräftig wieder beschleunigen.
- Gewichtheben (Disziplin Stoßen): Nach Einnahme der Stoßauslage wird die Hantel durch ein kurzes Absenken (Vordehnung der Bein- und Armstreckmuskulatur) mit nachfolgender Konterbewegung zur Hochstrecke gebracht.

b) Plyometrische Trainingsmethode: z.B. Niederhochsprünge bzw. Hürdensprünge.

Aufgabenstellung 37

Statische Übungsform: Haltearbeit mit den Fingern (Ristgriff, d.h. der Handrücken zeigt zum Kletterer) an einer vorspringenden Brettleiste („Fingerboard“ bzw. „Campusboard“).

Belastungskomponenten	Kurzcharakteristik
Reizintensität	Ca. 90%
Reizdauer	So lange wie möglich
Reizumfang	3-5 Serien
Reizdichte	3-5 min Pausendauer
Reizkomplexität	gering
Reiz- bzw. Trainingshäufigkeit	3-5 x pro Woche je nach Häufigkeit des speziellen Kletter- bzw. Bouldertrainings

Tab. 31 : Belastungskomponenten einer frei gewählten statischen Übungsform

Dynamische Übungsform: Beidarmige Klimmzüge im Ristgriff an einer Reckstange u.U. mit Zusatzgewicht.

Belastungskomponenten	Kurzcharakteristik
Reizintensität	70-80%
Reizdauer	8-15 Wiederholungen oder mehr, je nach Trainingszustand bzw. Zusatzgewicht. Langsame bis zügige Ausführung ohne Unterbrechung
Reizumfang	3-5 Serien
Reizdichte	3-5 min Pausendauer
Reizkomplexität	gering
Reiz- bzw. Trainingshäufigkeit	s. statische Übung

Tab. 32 : Belastungskomponenten einer frei gewählten dynamischen Übungsform

Aufgabenstellung 38

a)
- Sprungkraft für Vertikalsprünge (Absprung zum Schmettern, Block, Sprungaufgabe) und Horizontalsprünge (Hechtbagger)
- Schlagkraft (Schmetterschlag, Aufschlag)
- Antrittsschnelligkeit (schnelle Positionswechsel in der Feldabwehr und beim Angriff)
- Rumpfkraft (Klappmesserbewegung bei der Ausführung von Schmetterschlag und Aufschlag).

Beachten Sie: Alle schnellkräftigen Sprünge und Schlagbewegungen sind nur auf der Basis einer optimal entwickelten Rumpfmuskulatur (Bauch- und Rückenmuskeln) möglich, um die Wirbelsäule zu stabilisieren. Es gehört damit zum Standardprogramm einer konditionellen Schulung, dass die wirbelsäulenschützende Muskulatur in jeder Trainingseinheit durch dynamische und statische Übungen hinreichend gekräftigt wird.

b)

Station 1:
Plyometrisches Niederhochsprungtraining mit Kleinkästen
Leistungsbestimmende Muskulatur: Fußstreckmuskulatur: m. triceps surae (anatomisch handelt es sich eigentlich um eine Flexion = Beugung), Kniestreckmuskulatur: m. quadriceps femoris, Hüftstreckmuskulatur: m. glutaeus maximus und mm. ischiocrurales
Praxisrelevante Techniken: Absprung zum Schmettern, Block, Sprungaufschlag

Station 2:
Beidhändiger Medizinballwurf über Kopf gegen die Wand
Leistungsbestimmende Muskulatur: vor allem Armsenker: m. latissimus dorsi, m. pectoralis major, m. triceps brachii.
Praxisrelevante Techniken: Schmetterschlag, Aufschlag

Station 3:
Beidbeinige Standweitsprünge („Froschhüpfer")
Leistungsbestimmende Muskulatur: Fuß-, Knie-, Hüftstreckmuskulatur (s. oben)
Praxisrelevante Techniken: Hechtbagger, schnelle Antritte

Station 4:
„Klappmesser"
38 Leistungsbestimmende Muskulatur: Hüftbeugemuskulatur: m. iliopsoas, m. rectus femoris
Gerade und schräge Bauchmuskulatur: m. rectus abdominis, m. obliquus abdominis internus und externus.
Praxisrelevante Techniken: Klappmesserbewegung beim Schmetterschlag und Sprungaufschlag.

Station 5:
Seitsteps mit anschließendem Sprung zum Block im fortlaufenden Wechsel nach rechts und links
Leistungsbestimmende Muskulatur: Beinab- und -adduktoren, Fuß-, Knie-, Hüftstreckmuskulatur.
Praxisrelevante Techniken: Block vorbereitende Fußtechniken mit Absprung.

Station 6:
Aus der Stellung mit dem Rücken zur Wand (Abstand ca. 50 cm) Medizinballtipp mit wechselndem Boden- und Wandkontakt (über Kopf).
Leistungsbestimmende Muskulatur: Rücken- und Hüftstreckmuskulatur: m. erector spinae, m. glutaeus maximus und mm. ischiocrurales. Hüftbeugemuskulatur (s. Klappmesser).
Praxisrelevante Techniken: die Übung dient vor allem der Stabilisierung der Wirbelsäule insbesondere bei Sprüngen und Hechtbagger.

c) Belastungszeit: je nach Leistungsfähigkeit ca. 20 – 30 sek.
Die Pause zwischen den einzelnen Stationen verhält sich im Vergleich zur Belastungszeit bei leistungsstarken Gruppen wie 1:1, bei leistungsschwachen wie 2:1.

d) Vorheriges Aufwärmen, verschiedene Muskelgruppen im Wechsel belasten, aktive Pause zwischen den Belastungen.

Beachten Sie: Die schnellkräftige Klappmesserübung sollte nur dann zur Anwendung kommen, wenn sich die Bauch- und Hüftmuskulatur auf einem ausreichenden Kraftniveau befindet. Statische Halteübungen zur Kräftigung der Rumpfmuskulatur stellen ein „Muss“ in jeder Trainingseinheit dar.

Aufgabenstellung 39

Durch ein gesundheitsorientiertes Krafttraining kann eine Vielzahl präventiver und rehabilitativer Ziele erreicht werden:

Mögliche präventive Ziele:
- Verringerung des Verletzungsrisikos von Muskeln, Sehnen und Bändern
- Effektiver Schutz aller Gelenkstrukturen inklusive der Vermeidung von Gelenkarthrosen
- Vermeidung von Rückenbeschwerden, Haltungsschwächen bzw. Haltungsschäden
- Prophylaxe muskulärer Dysbalancen
- Vermeidung von Osteoporose
- Kompensation der altersbedingten Kraftabnahme zur Bewältigung der Alltagsbelastungen (Treppensteigen, etc.)

Mögliche rehabilitative Ziele:
- Beschleunigung der Wiederherstellung nach Verletzungen bzw. operativen Eingriffen am Bewegungsapparat. Die durch die Ruhigstellung bedingte Atrophie der Muskulatur kann durch ein adäquates muskuläres Aufbautraining kompensiert werden.
- Erhalt bzw. Kräftigung funktionseingeschränkter Muskulatur durch das Training der unverletzten Gegenseite mit Hilfe so genannter Transfer-Trainingseffekte (*Carpentereffekt*).

Schnelligkeit

Aufgabenstellung 40

a) Wahrnehmungs-, Antizipations-, Entscheidungs- und Reakionsschnelligkeit (sie stellt sowohl eine kognitive als auch motorische Schnelligkeitseigenschaft dar).

b) Der 5-fache Blick beinhaltet folgende Aspekte:
- Kontrolle bzw. Führung des Pucks
- Erfassen der Position bzw. der Laufwege von Mitspielern
- Erfassen der Position bzw. der Laufwege von Gegenspielern
- Erkennen von freien Räumen
- Wahrnehmung des Tors und der Position des Torwarts

c) In der Praxis sind diese 4 Schnelligkeitseigenschaften komplex miteinander verbunden und müssen daher gemeinsam trainiert werden.
Mögliche Übungsformen könnten sein:
- Überzahlspiele: Der Puck führende Spieler muss erkennen, ob er den Puck halten, abspielen, ein Dribbling einleiten oder direkt auf das Tor schießen muss.
- 1 : 1 – Situationen: Der Puck führende Spieler muss auf das Verhalten des ihn angreifenden Spielers Erfolg versprechend reagieren (z.B. bei falscher Abwehrstellung des Gegenspielers)
- „Freisperr-Situationen“ durch Mitspieler: Diese müssen in der Folge ein Dribbling auf die frei gesperrte Seite ermöglichen

Aufgabenstellung 41

a) Die Grafik zeigt 4 verschiedene Sprinter mit unterschiedlicher Leistungsfähigkeit. Der Kurven verlauf von C entspricht einem schwachen, von B einem mittelmäßigen Läufer und von A einem Sprinter der Weltklasse. A’ stellt einen idealisierten Sprint-Kurvenverlauf dar. Diese optimale Kurve beinhaltet:
- Einen außergewöhnlich steilen und hohen Anstieg der Geschwindigkeit innerhalb der ersten 30 m. Zurück zu führen ist dies auf eine maximale Beschleunigung nach schnellst möglicher Reaktion.
- Die Beschleunigungsphase ist von allen Sprintkurven am längsten, was sich in einer final höchsten Laufgeschwindigkeit niederschlägt. Beachten Sie: Die Beschleunigungsphase ist gekennzeichnet durch eine Steigerung der Schrittlänge bis auf ein Maximum.
- Am Ende der Beschleunigungsphase gilt es, die erreichte Maximalgeschwindigkeit so lange wie möglich zu halten. In dieser Phase dominiert die so genannte Frequenzschnelligkeit, die im Idealfall (A’) bis ins Ziel auf maximalem Niveau bleibt. Dies erfordert jedoch eine hochgradig entwickelte Schnelligkeitsausdauer. Nur absolute Weltklassesprinter wie z.B. Usain Bolt oder Carl Lewis waren in der Lage, ohne Geschwindigkeitsverlust, die Ziellinie zu passieren.

b) Das Anforderungsprofil des Fußballers im Bereich Schnelligkeit (siehe S. 54) macht deutlich, dass vor allem die Reaktionsschnelligkeit im Zusammenspiel mit der Beschleunigungsfähigkeit von Bedeutung ist. Zusätzlich spielt auch die Frequenzschnelligkeit über ultrakurze bzw. kurze Distanzen eine entscheidende Rolle.

Aufgabenstellung 42

- Es müssen überwiegend die spielspezifischen Streckenlängen trainiert werden. Dies bedeutet für alle Sportsspiele, dass Übungen für Reaktions- und Beschleunigungsvermögen im Vordergrund stehen. Die Erstellung eines sportspielspezifischen Anforderungsprofils zur Festlegung der relevanten Antritts- bzw. Sprintstrecken ist dafür unabdingbar.
- Es müssen gleichermaßen die Spiel bestimmenden kognitiven wie motorischen Schnelligkeitseigenschaften trainiert werden.
- Das Schnelligkeitstraining hat vor allem spielnah (verschiedene Spielformen mit Ball) zu erfolgen. Die Übungen sollten stets unter spieltypischen Druckbedingungen wie z.B. unter Raum-, Zeit- und Gegnerdruck durchgeführt werden. Ergänzend kommen separate „Antritts- bzw. Sprintblöcke“ zur Anwendung.
- Die Übungen müssen dem jeweiligen technischen, taktischen und kognitiven Leistungsniveau der Spieler angepasst werden. Eine Übung kann nicht mit maximaler Schnelligkeit ausgeführt werden, wenn nicht die entsprechenden technischen Voraussetzungen vorliegen.
- Das Schnelligkeitstraining hat prinzipiell unter optimalen Motivations- und Leistungsbedingungen stattzufinden. Es steht demnach am Anfang der Trainingseinheit und ist in frischem bzw. erholtem Zustand durchzuführen.
- Um einer Stagnation in der Schnelligkeitsentwicklung entgegen zu wirken, müssen die Trainingsinhalte bzw. -methoden vielseitig, variantenreich und ungewohnt sein.

Aufgabenstellung 43

	Verbesserung von			
Übungen	**Reaktions-schnelligkeit**	**Beschleunigungs-schnelligkeit**	**Frequenz-schnelligkeit**	**Schnelligkeits-ausdauer**
Sprünge mit Bleiweste		X		X
Bergabläufe			X	
1-Bein-Sprünge über 20 m auf Zeit		X		X
Antritte nach taktilem Kontakt	X	X		
Max. Trittgeschwindigkeit auf Fahrradergometer ohne Widerstand			X	
Antritte nach Niedersprüngen		X		
Overdistance-Läufe				X
Läufe mit Zugseil (unterstützend)			X	
Beidbeinige Hocksprünge treppauf		X		X
Bergaufläufe		X	X	X
Sprungläufe über 30m auf Zeit		X		
Einbeinige Kniebeugen mit Sandsack		X		X
Skipping im Sand		X		X
Läufe gegen Zugwiderstände		X		X
Steigerungsläufe			X	

Tab. 33 : Zuordnung von Trainingsinhalten zu den 4 Phasen des 100m-Sprints

Aufgabenstellung 44

a) Die Maximalkraft spielt in der Beschleunigungsphase eine entscheidende Rolle. Um aus der Startstellung maximal schnell beschleunigen zu können, benötigt der Sprinter in hohem Maße Explosivkraft, die in enger Abhängigkeit zur Maximalkraft steht.

b) Da der Spielsportler überwiegend nur ultrakurze Antritte bzw. Sprintstrecken zu absolvieren hat, stellt das Training der Maximalkraft einen wichtigen Faktor zur Verbesserung des Beschleunigungsvermögens dar. Weiterhin spielt die Maximalkraft bei allen Sprüngen und Richtungswechseln eine entscheidende Rolle.

Aufgabenstellung 45

Belastungs- komponenten	**Charakteristika**
Reizintensität	maximal
Reizdichte	gering, da vollständige Erholung notwendig ist. Faustregel: pro gelaufene 10 m eine Minute Pause
Reizdauer	gering, z.B. genügen zur Schulung der Startbeschleunigung Strecken von 30 m bis 50m (je nach Trainingszustand und Zielstellung)
Reizumfang	gering, z.B. 3-5 Serien à 5 Wiederholungen einer gewählten Strecke (je nach Trainingszustand und Zielstellung). Beachte: Abbruch bei Ermüdung.
Reizkomplexität	Mittel bis hoch. Der koordinative Anspruch kann bei Spielsportlern z.B. durch Richtungswechselläufe, „Stop-and-go“-Beschleunigungen, Schattenläufe bzw. Imitationsläufe etc. relativ hoch sein.
Reiz- bzw. Trainingshäufigkeit	3-5 mal pro Woche je nach Leistungsniveau. Bei Spielsportlern in jeder Trainingseinheit.

Tab. 34: Charakterisierung der Wiederholungsmethode mit Hilfe der Belastungskomponenten

Aufgabenstellung 46

a) Der BMX-Fahrer muss bei harter Übersetzung, ohne die Hilfe einer Gangschaltung von 0 auf 100% in kürzester Zeit bzw. auf kürzester Distanz (um 10m) beschleunigen. Diese maximale Beschleunigungsfähigkeit ist nötig, um für den weiteren Rennverlauf in eine optimale Ausgangsposition zu gelangen. Hierfür benötigt er ein Höchstmaß an Maximal- und Schnellkraft. Des weiteren muss der Sportler in der Lage sein, höchstmögliche Trittfrequenzen für die Folgeabschnitte (Bergauf- und Bergabpassagen) realisieren zu können. Dies erfordert sowohl eine optimale Entwicklung der zyklischen Schnelligkeit (Frequenzschnelligkeit) als auch der Schnelligkeitsausdauer (Zeitdauer ca. 40 Sekunden). Man erkennt, dass der BMX-Rennfahrer aus konditioneller Sicht ähnliche Kraft- und Schnelligkeitseigenschaften – allerdings sportartspezifisch unterschiedlich – wie der leichtathletische 400m-Sprinter besitzen muss. Zusätzlich benötigt der BMX-Fahrer auch noch eine gut entwickelte Bauch- und Rückenmuskulatur zur Rumpfstabilisierung und eine hochgradig entwickelte Hand- und Armkraft (Maximal-, Reaktivkraft und Kraftausdauer), um nach Sprüngen und in Buckelpisten das Lenkrad unter Kontrolle halten zu können.

b)

Kraft-/Schnelligkeits-eigenschaften	**Inhalte/Übungen**	**Methoden**
Maximalkraft	Hanteltraining: Einbeinige Kniebeugen unter Beachtung der sportartspezifischen Winkelstellung während der Trittarbeit;	Hypertrophietraining und intramuskuläre Ausreizung vor allem mit Hilfe der konzentrischen und exzentrischen KTM
	Klimmzüge/Liegestützen bzw. Liegestützsprünge;	Konzentrische KTM Exzentrische/plyometrische KTM
	„Wickelübungen" für die Kräftigung der Fingerbeuge- und Streckmuskulatur (siehe Abb. 27)	Konzentrische KTM
Schnellkraft	Fahrradergometertraining mit hohen bis höchsten Widerständen	Methode der maximalen Krafteinsätze (Belastungsabbruch bevor Ermüdung eintritt)
Frequenzschnelligkeit	Fahrradergometertraining ohne Widerstand bzw. bergab Fahrten mit maximalen Trittfrequenzen	Wiederholungsmethode
Schnelligkeitsausdauer	Fahrradergometertraining mit variierenden Widerständen; over-distance-cycling	Intensive Intervallmethode, Wiederholungsmethode
Kraftausdauer	Statische Halteübungen zur Stabilisierung des Rumpfes, Sit-ups	Isometrisches Krafttraining, konzentrische/exzentrische KTM

Tab. 35 : Kraft- und Schnelligkeitsinhalte und -methoden eines BMX-Fahrers

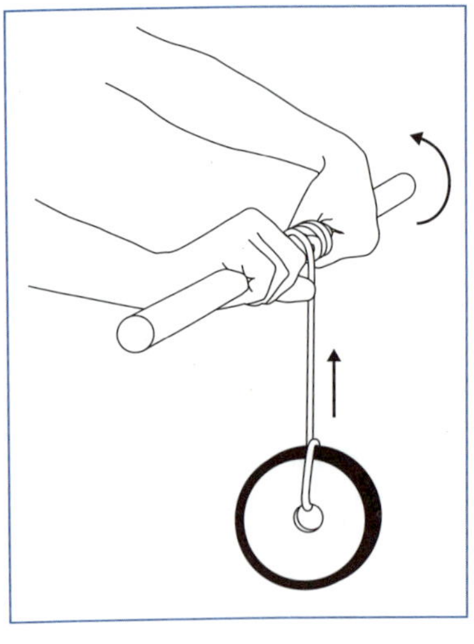

Abb. 27: „Wickelübungen" für die Kräftigung der Fingerbeuge- und Streckmuskulatur